山东沂水方言词法特点研究

赵 敏◎著

暨南大学出版社
JINAN UNIVERSITY PRESS

中国·广州

图书在版编目（CIP）数据

山东沂水方言词法特点研究/赵敏著．—广州：暨南大学出版社，2019.3
ISBN 978 – 7 – 5668 – 2512 – 4

Ⅰ. ①山…　Ⅱ. ①赵…　Ⅲ. ①北方方言—词法—方言研究—沂水县　Ⅳ. ①H172.1

中国版本图书馆 CIP 数据核字（2018）第 240916 号

山东沂水方言词法特点研究
SHANDONG YISHUI FANGYAN CIFA TEDIAN YANJIU
著　者：赵　敏

出 版 人：徐义雄
策划编辑：李　战
责任编辑：黄　球
责任校对：冯月盈
责任印制：汤慧君　周一丹

出版发行：暨南大学出版社（510630）
电　　话：总编室（8620）85221601
　　　　　营销部（8620）85225284　85228291　85228292（邮购）
传　　真：（8620）85221583（办公室）　85223774（营销部）
网　　址：http://www.jnupress.com
排　　版：广州市天河星辰文化发展部照排中心
印　　刷：广州市穗彩印务有限公司
开　　本：787mm×1092mm　1/16
印　　张：11.75
字　　数：250 千
版　　次：2019 年 3 月第 1 版
印　　次：2019 年 3 月第 1 次
定　　价：39.80 元

目　录

引　言

一、沂水人文地理概况

1. 地理、政区和人口

沂水县位于山东省东南部沂山南麓,沂河和沭河上游,临沂地区北部。地理坐标为北纬35°36′~36°13′,东经118°13′~119°03′。东邻莒县,西与沂源、蒙阴两县交界,南与沂南县毗连,北与安丘、临朐两市(县)接壤。以县城为中心,东至雪山6公里抵莒县界;东南至三十里堡乡的上店21公里抵莒县界;南至许家湖乡的万泉湖16公里抵沂南县界;西南至院东头乡的张家峪21公里抵沂南县界;西至高庄乡的高庄37公里抵蒙阴县界;西北至诸葛镇的上华庄30公里抵沂源县界;北至沂山泰礴顶43公里抵临朐县界;东北至何家庄子乡的桃洼村北渠河50公里抵安丘市界。县东西最大横距78公里,南北最大纵距67.5公里,总面积2 434.8平方公里,约占全省总面积的1.6%。

沂水县行政区划经历次变迁,截至2017年,全县辖2个街道(沂城街道、龙家圈街道)、15个镇(马站镇、道托镇、高桥镇、杨庄镇、富官庄镇、沙沟镇、诸葛镇、黄山铺镇、崔家峪镇、夏蔚镇、高庄镇、泉庄镇、院东头镇、许家湖镇、四十里堡镇)、1个乡(圈里乡)、1个经济开发区,有1 554个自然村,1 040个村民委员会,23个社区居民委员会。

沂水县主要系汉民族聚居区。自明代以后,有回族人移此定居。新中国成立后,由于干部职工调动、大中专学生分配及婚姻等因素,有少数民族人口迁入。全县共有汉族、蒙古族、回族、藏族、维吾尔族、苗族、彝族、壮族、布依族、朝鲜族、满族、土家族、哈尼族、傣族、黎族、傈僳族、佤族、畲族、高山族、拉祜族、景颇族、仫佬族、阿昌族、怒族、独龙族等25个民族,其中汉族占总人口的99.45%,回族占总人口的0.51%,其他23个民族占总人口的0.04%。统一使用汉语交际。2016年,全县总人口115.96万人。

沂水有光荣的革命传统,是"红嫂"的故乡、沂蒙精神发祥地之一。

2. 历史沿革

沂水县历史悠久。境内原始社会遗址散布各地:旧石器晚期的南洼洞遗址,出土了打制石器和鹿角化石；在干洞顶等 21 个地点发现了细石器；崮子顶、凤台、雾露崮等 35 处新石器时期遗址，出土了大汶口文化和龙山文化时期的石器、骨器、陶器，在这些遗址中还出土了夏商时期的遗物。由此证明，远在二十万年前我们的祖先就在这里聚居生息繁衍，创造发展了沂水县的古代文化。

根据史书记载，沂水县的境域，在夏朝（约前 21—前 16 世纪），其北境、东境入青州，南境入徐州。商朝，沂水地属人方。西周，沂水地属鲁国。春秋，沂水地为郓，莒鲁之争后入齐。战国，沂水地为盖。秦朝，沂水地属琅琊郡莒县。西汉，沂水地东境属徐州刺史部琅琊郡东莞县，西境为兖州刺史部泰山郡盖邑，南境为城阳国阳都、东安。东汉，废城阳国，沂水地属徐州刺史部琅琊国。东汉末年，东莞、盖两县升为郡。三国，沂水地北境属魏国徐州刺史部东莞郡东莞、东安两县，南境属琅琊国阳都。晋朝前期，沿用魏国旧制。297 年（元康七年）又分东莞置东安郡。自永嘉以后，十六国纷争割据，沂地归属多变。自 327 年（咸和二年）至 409 年（义熙五年），沂水地先后为北方少数民族的后赵、前燕、前秦、后燕、南燕五国所属。南燕慕容德改东莞县为团城。南北朝时，沂地南北互争，归属时南时北，先后隶属于东徐州、南青州、东安郡、莒州。隋开皇初，废东安郡，置东安县（治团城）。596 年（开皇十六年）改名沂水县，别置东安县于古盖县。隋末，废东安县并于沂水县，县属琅琊郡。沂水县名沿用至今。唐朝，622 年（武德五年），沂地属莒州；634 年（贞观八年），废莒州，县属河南道沂州琅琊郡（今临沂）。五代十国时期，沂水地先后隶属后梁、后唐、后晋、后汉、后周，均属沂州。宋朝（北宋），沂水县属京东东路沂州琅琊郡。金朝，1126 年（天会四年）灭北宋。淮河以北被金占领，县属山东东路莒州。元朝，1234 年元灭金，沂地此时归元。1279 年（至元十六年）灭南宋，统一全中国，沂水县属中书省山东东西道宣慰司益都路莒州。明朝，明初因之。1376 年（洪武九年），属山东承宣布政使司青州府。清朝，清初因之。1730 年（雍正八年）改属莒州，1734 年（雍正十二年）改属沂州府。民国时期，1913 年废府设道，沂水县属岱南道。1915 年改属济宁道。1925 年改属琅琊道。1928 年裁道，属山东省。1936 年 2 月，设山东省第三区行政督察专员公署，沂水县属之。1939 年 6 月，日本侵略军第二次侵犯沂境，占据沂水城，沂水沦陷。1940 年 3 月，沂水县抗日民主政府成立，由中共山东分局直接领导。1941 年 2 月，沂水县属山东省战时工作推行委员会鲁中区沂蒙专署。1940 年以后，随着抗战形势的变化，原沂水县境除中部改为沂中县外，西南部划为沂南县，南部划为沂临边联县，东南部划为沂东县，东北部划为莒沂边县，北部划为沂北县，西北部划为沂源县，而后又几经分合，归属不一，现将沂中、沂北、沂东、莒沂边县的沿革分述如下：1943 年 8 月，沂中、沂东县属山东省行政委员会（省战工会改称）鲁中区行政联合办事处沂蒙专署。1944 年 1 月，沂北、莒沂边县属沂山专署。1945 年 7 月，沂中县属鲁中行政公署沂蒙专署；同年 8 月 13 日，属山东省政府（省行政委员会改称）鲁中行政公署第二专署。1948

年 7 月 17 日，属山东省政府鲁中南行政公署第二专署。1949 年 7 月，属山东省人民政府鲁中南行政公署沂蒙专署。同年 8 月恢复沂水县名称。同时，沂北与莒沂（1946 年莒沂边改称莒沂）二县合并为莒沂县，属沂蒙专署。

中华人民共和国成立后，沂水、莒沂县仍属山东省人民政府鲁中南行政公署沂蒙专署。1950 年 5 月 11 日，属山东省人民政府沂水专署。1953 年 8 月，沂水专署撤销，并入临沂专署，莒沂县撤销，9 个区归沂水县，沂水县属临沂专署。1967 年，县改属临沂地区革命委员会。1978 年，临沂地区革命委员会改为临沂行政公署。1995 年 4 月 21 日，临沂行政公署撤销，建立临沂市（地级市），县仍属之。

3. 境域变迁

清朝，据清道光七年《沂水县志》载，沂水县东西广 100 里，南北袤 230 里。西北至省会（济南府）550 里，在沂州（今临沂市）北 220 里。东至莒县界 20 里，西至蒙阴县界 80 里，南至兰山（今临沂市）县界 125 里，北至临朐县界 105 里，东南至莒县界 7 里，东北至安丘县界 130 里，西北至博山县界 170 里，西南至蒙阴县界 130 里（皆为华里）。

民国前期，沂水境域未变。1939 年 10 月，根据抗战形势的需要以泰石路为界，将沂水县划分为南、北沂蒙办事处，将沂水县五、六、九、十区划归新建的南沂蒙办事处（沂南县前身），北沂蒙辖沂水县一、二、三、四、七、八区。1940 年 3 月 22 日，建立了沂水县抗日民主政府，共辖 10 个区，县境域不变。同时，撤销南、北沂蒙办事处，设沂南行署（县级），行署仍辖原南沂蒙办事处所辖范围。同年 6 月，将原沂水县的十区葛沟、河阳、左泉、张庄 4 个乡划归新建立的临费沂边联办事处（沂临边联县前身）。1942 年 2 月，原沂水县六区的扈山、院东头一带从沂南行署划回沂水。同年 8 月，将原沂水县的二、七区和三区的韩旺乡划归新建的沂北行署（沂北县前身）。同时沂水县改称沂中县，辖原沂水县的一、四、八区和三、六区各一部分。同年 9 月，将原沂水县六区良水一带划归新建的沂东办事处（沂东县前身）。1943 年 3 月，将原沂水县七区的圈里、杨庄两个乡划归新建立的莒沂边县（抗日战争后莒沂边县改称莒沂县）。1944 年 5 月，将原沂水县八区划归新建的沂源县。1945 年 10 月，撤销沂临边联县，将葛沟、河阳两个区划归沂东县，其他区划归沂南、临沂两县。1949 年 8 月，沂北县与莒沂县合并，成立莒沂县（驻杨家城子），辖峰山、东莞、杨庄、雪山、棋山、箕山、浯河、马站、高桥、长安、道托、诸葛、葛庄、韩旺、崖庄 15 个区。同时沂中县改称沂水县。1948 年 7 月，撤销沂东县，将城子、英山、双泉、良水、丰台 5 个区划入沂水县。

1952 年 1 月，莒沂县韩旺区划入沂源县，长安、雪山两个区划入沂水县。同时，沂水县撤销金星区，将大岭乡划归蒙阴县，将蝙蝠峪、姚宅、金星 3 个乡和东里区划入沂源县。1953 年 8 月，将十六区（雪山）划入莒县，城子、良水、峙阳 3 个区划入沂南县。同时撤销莒沂县，将道托、高桥、马站、诸葛、葛庄、崖庄、杨庄、浯河、箕山9个区划入沂水县，其余3个区划入莒县。1956年2月，撤销英山区，将英山、刘家岭两个乡划入沂南县。1958年11月，官庄（原箕山区）公社划入安丘县。同时撤销沂南县，将其所属的苏村、铜井、库沟、界湖、蒲汪、张家哨、张庄、辛集、白石埠、依汶10个公社和孟良崮（孙祖）公社的15个村，共481个村划归沂水县。1961年4月，经中共山东省委、省政府批准恢复沂南县，将1958年沂南撤销时划给沂水县的481个村又划回沂南县。同年10月，安丘县的何家庄（原沂水官庄公社）公社划归沂水县。至此，沂水县境域稳定至今。①

二、沂水方言归属及山东方言语法研究现状

1. 归属

根据钱曾怡《山东方言的分区》（1985），沂水话属于胶辽官话中的东潍片，是胶辽官话最西线上的一个点。这一片的最基本特点是语音上除山臻两摄合口和通摄合口入声的知章组外，古知章庄三组字的声母分为甲、乙两类。其中甲类包括庄组字全部，知组开口二等字，章组止摄开口字和知章两组遇摄以外的合口字；乙类包括知组开口三等字，章组止摄以外的开口字和知章两组遇摄的合口字。且山臻两摄合口古知庄章三组字的今声母归乙类。

沂水方言的语音正符合以上规律。

2. 研究现状

方言语法研究在山东起步较早，董遵章《山东寿光方言里的一些语音、语法现象》（1957）和曹正一《山东安丘方言在词汇语法上的一些特点》（1961）是最早涉及方言语法研究的论文。20世纪80年代以后，出版了近三十种山东方言志，这些方言志都包含有语法方面的内容，揭示了山东方言语法主要的一些特点。对语法问题比较详细深入的探讨，出现在《中国语文》《方言》及各高校学报发表的一些论文中，其中反映单点方言语法特点的如徐复岭《济菏方言语法特点撷例》（1989）、《济宁方言语法特点撮要》（2002），钱曾怡、曹志耘、罗福腾《山东肥城方言的语法特点》（1991）等，对全省方言某些特点进行探讨的如罗福腾《山东方言比较句的类型及其分布》（1992）、《山东方言里的反复问句》（1996），孔昭琪《山东方言东西区语法比较》（1987）等。

研究成果中，研究词法的代表性论著有：张树铮《寿光方言的指示代词》

---

① 本节有关沂水人文地理概况参考自山东省沂水县地方志编纂委员会编：《沂水县志》，济南：齐鲁书社1997年版。

（1989）、《山东寿光方言的形容词》（1990）、《山东寿光方言的助词》（1995），史冠新《山东临淄方言单音形容词的重叠用法》（1986）、《临淄方言的语气词"吧"》（1989），孔昭琪《牟平方言的介词"起"》（1988）、《山东牟平话动词的儿化》（1996），赵光智《山东安丘方言里可用"的的"》（1990），王晖《山东临朐方言话的时间助词"着"》（1990），岳立静《济南话的虚词"可"》（1994）、《济南方言"从"及其相关词的特点和分布》（2000），师静《庆云方言里的"着"》（2000），刘翠香《山东栖霞方言中表示处所/时间的介词》（2004）、《东莱片方言"V儿NL"中的"儿"》（2007），刘翠香、施其生《山东栖霞方言相当于普通话"了"的虚成分》（2004），宋恩泉《山东汶上方言"个"的一些特殊用法》（2005）等。研究句法的代表性论著如罗福腾《牟平方言的比较句和反复问句》（1981），徐复岭《山东方言比较句式溯源简说》（1995），冯荣昌《山东潍坊方言的比较句》（1996），刘娟《山东方言比较句式的类型学意义》（1999），陈洪昕《烟台地区方言被动句说略》（1984）、《莱州方言特殊结构初探》（1993），孟淑娟《淄博话的形比句》（2001），一杉刚弘《山东方言可能补语类型》（2000），颜峰、徐丽《山东郯城方言的叫字句及相关句式》（2005）等。

研究专著方面，有殷焕先主编的《山东省志·方言志》（1995），书中语法部分共分三章，包括词法特点、句法特点和各地语法比较，展示了山东方言的基本概貌，为山东语法研究提供了研究线索。钱曾怡、张树铮、罗福腾的《山东方言研究》（2001）是"山东汉语方言调查研究的一次世纪性工作总结，是山东方言综合研究的里程碑式成果，是官话方言研究的一部力作"（赵日新、高晓虹，2002）。书中语法部分有对山东方言构词法、词类、短语结构、句式等的综合论述。①

单点的山东方言语法研究，刘翠香《山东栖霞方言虚成分研究》（2005）是值得一提的力作。

关于沂水方言，系统的考察我们目前只见到1995年张廷兴编写的《沂水方言志》，此外2003年马静、吴永焕编写的《临沂方言志》中对沂水方言有零散的描述。方言志重在描写语音与词汇的表层形式，深入的分析并不多，语法的描述更是简单。单篇论文有赵敏《沂水方言的语音特点》（2007）、《山东沂水方言形容词的生动形式》（2007）和《沂水方言的程度副词》（2014）。

---

①　以上山东方言语法研究概况我们参考了刘翠香：《山东栖霞方言虚成分研究》，中山大学博士学位论文，2005年。

三、本书的研究对象、意义及方法

1. 研究对象与意义

本书以沂水方言的词法作为研究对象，在描写和分析沂水方言各类词法概貌的基础上，揭示其较重要的特点。在探讨某些词法特点时，将沂水方言与普通话、周边地区方言及其他方言进行共时对比，同时充分吸收近代汉语的研究成果，从历史语言学的角度探讨这些语法现象的来龙与去脉，力图做到归纳和揭示沂水方言在词法方面的整体面貌和重要特色，同时为汉语方言语法研究、现代汉语语法研究以及语言类型学的研究提供一些参考。

2. 研究方法

（1）"表—里—值"多角度的描写。

"语表形式—语里意义—语用价值"是现代汉语语法研究内部的三个视角，在方言语法研究中同样适用。本书对沂水方言的各种词法现象，尽力顾及语表形式、语里意义、语用价值几个角度，对其进行较为细致的描写。"描写是展示研究成果和显示研究深度的最基本的研究环节。只有充分描写，才能有充分的反映。"（邢福义，2000：93）

（2）"普—方—古"多角度的比较。

李如龙（1996）曾指出[①]，"研究汉语方言必须从单点描写入手，由近及远与别方言作平面比较，在描写和比较的过程中，都必须充分注意到不同语言现象之间的历史关系，注意方言之间、方言与共同语之间的相互作用"。特点是在比较中得出的。因此，本书在对语言现象进行详细描写的基础上，尽可能将沂水方言与普通话、周边方言及其他方言进行横向对比，与古代汉语或近代汉语中的相关现象进行纵向联系分析，力图找准沂水方言在整个汉语方言以及汉语史上的位置，更清晰地探求方言现象深层隐藏的规律及某些特殊现象的来源与演变轨迹。

四、语料来源与体例说明

1. 语料来源

笔者八岁以前在沂水生活，十三岁至十五岁在沂水读初中，父母均为沂水人，可

---

① 见李如龙：《动词的体·前言》，张双庆主编：《动词的体》，香港：香港中文大学中国文化研究所吴多泰中国语文研究中心 1996 年版。

以说比较纯正的沂水话。八岁后父母调入驻地为与沂水县相邻的蒙阴县的三线军工厂，厂内两千多名职工来自山东省内各地及全国各地。20 世纪 90 年代初军工厂迁至临沂市，本人亦入临沂读高中，对厂内使用人数较多的胶辽官话（烟台、青岛、潍坊等地为主）、临沂及周边方言都较为熟悉。

本书所用例句除明确标注参考自其他文献者之外皆为自拟，并多次请方言地老人及亲朋好友或当面或电话核实。2017 年 7 月笔者赴沂水实地调查，进一步核实、补充材料。①

2. 体例说明

（1）本书的标音一律采用国际音标，行文中在音标外加上方括号"［　］"。非轻声音节的调值用数字标示在音节的右上方，如"□［niɑŋ²¹³］"。轻声音节的调值标为"0"，如"了［lɔ⁰］"。

（2）本字清楚的写本字，有俗写的随俗写，如"这来这里、哪来哪里"等中的"来"。本字未明的，有同音字的用同音字代替，无同音字的用"□"并后加国际音标表示。

（3）"／"为两可符号，表示左右两项并用。

（4）与方言例句相对应的普通话意义，在例句后用"（）"说明。词汇用小字号解释。词汇后有"（）"的表示可用可不用。

（5）不合语法、不能说的句子在句前加"＊"。

① 主要发音合作人：南同美，女，67 岁，小学学历，沂水县城关镇七里堡子村，农民；李冬文，女，34 岁，中专学历，沂水县城关镇七里堡子村，公司职员；赵传祥，男，70 岁，高中学历，沂水县高庄镇黄连官庄村，退休工人；贾治华，男，70 岁，小学学历，沂水县高桥镇，退休工人。

第一章 构词法特点

沂水话和普通话构词的基本规则是一致的。构词手段和普通话一样也分为三种：通过语音手段造出单纯词，通过句法构词手段造出复合式合成词和重叠式合成词，通过形态构词手段造出附加式合成词。举例如下表：

构词手段			普通话	沂水话
单纯词		双声	流利	玲珑小巧精致
		叠韵	啰唆	□〔ŋa⁵⁵〕□〔θa⁰〕垃圾
		非双声叠韵	蝴蝶	相应便宜
		叠音	猩猩	蛛蛛蜘蛛
合成词	复合式	主谓	眼红	心焦心里烦恼，不舒服
		述宾	关心	掉向不辨方向
		偏正	飞机	木梳梳子
		述补	证明	想着记得
		联合	光明	伶透聪明
	附加式	词根＋词缀	桌子	马子马
		词缀＋词根	老虎	扒问询问
	重叠式		偏偏	盼盼盼望

复合式合成词是由词根与词根复合而成的。如上表所示，沂水话和普通话的复合式合成词都不超出主谓、述宾、偏正、述补、联合五种基本关系。二者没有结构类型方面的差异。它们的不同不在语法结构方面，而主要表现在词汇学方面，比如词义范围不同、多义词派生的途径不同、造词的理据不同等。词义范围、多义词义项的派生与构词法无关，而理据的不同可以直接影响构词单位的选择。因此，这里仅从理据的角度对沂水话和普通话的复合式合成词作简单的对比说明。

（1）造词理据不同，构词语素也不同。例如：

姑娘—识字班 电筒—手灯

（2）造词理据不同，构词语素部分相同。例如：

流星—贼星 母猫—女猫

（3）造词理据相同，构词语素不完全相同。例如：

去年—上年　合身—可身

上面所列的沂水话与普通话，它们有的结构关系相同，有的结构关系不同，甚至结构层次都不同，但只要是词根与词根复合，就不会超出共同的结构类型。

就复合式构词法来看，沂水方言与普通话相比差距似乎不大。但在附加式构词法与重叠式构词法方面，它与普通话则有明显的差异，显现出这一方言的特色。

第一节　附加式构词

附加式合成词由词根与词缀结合而成。词缀是黏着的、定位的语素，词缀的分类有多种：传统上根据词缀出现的位置将它们分为前缀、后缀、中缀；有的根据构词能力的大小，把词缀分为能产的词缀和不能产的词缀；李小凡（1998）根据词缀的作用，把词缀分为成词标记、转类标记、变义标记（包括抽象化作用）以及衍音标记；邢向东（2002）根据与词根结合的紧密程度，将词缀分为全黏着词缀与半黏着词缀。本书采取传统的位置分类法。

一、前缀

沂水方言中的前缀不是很多，"老""初""第"等和普通话用法基本相同，都有以下用法：①初——附加在数词"一"至"十"的前面，表示旧历每个月的前十天，如"初一""初拉十儿初十左右的那几天"。②第——附加在数词前头表示序数，如"第一"。③老——a. 附加在单音节的姓前面表示对熟悉的人的称呼，如"老李""老王"。b. 放在数词"二"至"十"前面表示排行。c. 出现在少数表示动物的名词里，如"老虎""老鼠"。

除上述前缀以外，沂水话还有下列前缀。

1. 洋［iɑŋ⁴²］

洋灰石灰　洋火火柴　洋油煤油　洋蜡蜡烛　洋釪子铁　洋布机器织的布　洋铁皮白铁

洋烟烟卷　洋号小号　洋糖糖块　洋钱铜钱　钢洋儿钢洋钱的简称，指现代使用的硬币

洋镐镐　洋钉子铁钉　洋胰子肥皂　洋码子阿拉伯数字　洋瓷盆子搪瓷盆　洋槐树

洋袜子机器制作的袜子　洋戏匣子收音机　红洋裱红士林布　洋柿子西红柿　洋鸡

洋鸡蛋　洋萝卜一种个头大、皮白的萝卜　洋樱桃一种嫁接的、果实大的樱桃　洋姜一种个头较大、水分较多的姜

"洋"不是完全虚化的名词前缀，还遗留有一定的词汇意义，只是一个准词缀。除"洋姜、洋鸡、洋鸡蛋、洋萝卜、洋樱桃"几个词以外，其余词语中的"洋"都有较实的词汇义，即"洋"意思为"外国的、外来的"，以上词语一般为改革开放前或更早时期所创造。"洋姜、洋鸡、洋鸡蛋、洋萝卜、洋樱桃"几个词为近些年所创造，"洋"的含义已经不是原来的实义"外国的、外来的"，而是指"新品种"，有了相当程度的虚化，但这个语法意义还是看得出与"洋"原来的词汇义有一定联系，因此我们将其视为准词缀。

2. 扒［pa²¹³］

扒问 询问　扒□［tsʰiu⁰］张望

"扒"的词根的选择性很强，只与"问、□［tsʰiu⁰］"两个动词结合。带了前缀"扒"的词有一个共同的语法意义，即期望得到某种信息或物品。"□［tsʰiu⁰］"本调为阴平，意思为时间很短地看，大致相当于普通话的"瞄"，如"我□［tsʰiu⁰］了他一眼我瞄了他一眼"，放在"扒"后与"问"一样，声调读为轻声，词性变为不及物动词，后面不能带宾语。例如：

［1］我扒问了一圈，人家都没知道的。（我询问了一圈，人家都不知道。）
［2］他站了门口下扒□［tsʰiu⁰］了半天。（他站在门口张望了半天。）

3. 狗［kəu⁵⁵］

狗精神瞎精神　狗哆嗦瞎折腾　狗欢瞎欢

"狗"放在几个形容词前面，含义为"不是好A""用不着A而瞎A"，起否定作用，有贬义的感情色彩。"狗"后面的"精神""哆嗦""欢"都读为轻声。例如：

［1］小王就是狗精神，不该说的也待那来说。（小王就是瞎精神，不该说的也在那里说。）
［2］我看着她就是狗哆嗦，非惹制点儿事儿出来不行。（我看她就是瞎折腾，非惹点儿事儿出来不行。）
［3］你狗欢什么？（你瞎欢个什么劲？）

二、中缀

子［tθŋ⁵⁵］

"子"本调为上声，用在四字形容词、动词的中间，读为轻声。例如：

愚二子嘎指傻乎乎的　懈拉子光当松松垮垮的样子　妖拉子邪灾打扮很妖气的样子

扬弄子翻天乱七八糟的样子　瞎虎子郎神说谎的状态　漓溜子拉洒东西洒得到处都是的样子

梯溜子淌郎东西很多、不整洁的样子　低溜子大挂东西很多、不整洁的样子

执古子张板装模作样的样子　挂挂子牵牵牵挂的状态　正里子八道很正经的样子

肿脸子胖囊脸很肥胖的样子　黏黏子查查黏黏糊糊的样子　急毛子活促急急忙忙的样子

中缀"子"没有实在的语法义，主要起舒缓语气的作用。

三、后缀

沂水方言的后缀较多，为便于叙述，本小节按词类分别进行描写。

（一）名词

沂水方言的名词后缀主要有"子""家""头""头儿"和不自成音节的"儿"，以及专门的詈词后缀"汉、巴、货、料、头、包、架儿"等。

其中"头""头儿"和不自成音节的"儿"与普通话的用法及意义基本相同，"头"可以构成"石头、舌头、前头、后头"等名词，"头儿"附加在动词后面构成表示"可V性"的名词，如"看头儿、奔头儿、吃头儿、玩儿头儿、听头儿"等，"儿"可以构成"画儿、官儿、黄儿"等，我们在此不再赘述。下面我们主要介绍沂水方言与普通话有异的名词后缀。

1. 子［tθŋ⁰］

"子"本调为上声，用作后缀时一律读为轻声。沂水方言中的名词后缀"子"与普通话的名词后缀"子"的应用并不完全重合，一种情况是普通话用"子"沂水话不用，如"儿子—儿、屋子—屋、桃子—桃、侄子—侄儿"等，另外一种情况是沂水话用"子"而普通话不用，如"马子—马、豆角子—豆角、树枝子—树枝、孙女子—孙女、光棍子—光棍儿、馅子—馅儿、茶碗子—茶碗"等，还有许多"子"缀词是普通话没有的，下面我们将主要介绍后两种情况的"子"缀词。

（1）普通名词。

"子"与名词性、动词性、形容词性、数词性语素等组合构成普通名词。从词根的结构类型来看，单音节词根、复合词、不成词的语素组合等都可以构词；从词根的性质来看，有名词性、动词性、形容词性、数词性语素。例如：

①名+子：

雹子冰雹　泉子泉　马子马　蜂子蜜蜂、马蜂　蛹子蛹　椒子辣椒　馅子馅儿　荬子蘑菇　厨子厨师　胰子肥皂　褂子上衣　糨子糨糊　车子自行车　机子缝纫机　雀子雀斑　盆子脸盆、洗菜盆等　帐子蚊帐　坟子坟墓　缸子搪瓷茶缸　匙子汤匙

②动+子：

栽子植物的秧苗　箆子齿很细、篦头发用的梳子　障子篱笆　卡子发卡、夹子　画子贴画、挂画　舀子舀水的勺子　剪子剪刀　卷子方形馒头

③形+子：

乌子乌贼　秕子不成熟的谷粒　公子动物中的雄性　母子动物中的雌性　明子萤火虫　对子对联

④复合词+子：

盐粒子盐粒　面条子面条　树枝子树枝　豆角子豆角　苦菜子苦菜　桑葚子桑葚　酒棒子酒瓶子　火机子打火机　嘴巴子嘴　门槛子门槛　抽匣子抽屉　手套子手套　钱夹子钱包　茶缸子搪瓷茶缸　茶碗子茶碗、茶杯　酒盅子酒盅　鸡栏子鸡窝　手印子手印　沟汊子小河沟　眼蛋子眼珠　纸壳子纸壳、废纸盒　巴棍子棍子　心眼子心眼儿　算盘子算盘　家鹏子麻雀　边毛子蓖麻　腚门子屁股　腚垂子屁股　脚丁子脚印　牙花子牙龈　豆腐乳子豆腐乳　黄鼠狼子黄鼠狼　蝎鳖虎子壁虎　脚巴丫子脚丫　玻璃渣子玻璃碎片　乌拉油子蜗牛　雅兰子百灵鸟　盖顶子放饺子、馒头等用的器具　侄妮子侄女　光棍子光棍

（2）称谓词。

"子"与名词、动词、形容词或短语等组合构成某些称谓词。例如：

性格不好的人：

猾子不踏实、滑头的人　闷子臃肿，行动不灵活的人；寡言，不善沟通的人　肘子脾气倔强的人　山杠子没见过世面的人　硬挣子非常固执的人

生理有缺陷的人：

斜眼子_{眼睛斜的人}　咬舌子_{说话咬字不清楚的人}　锅腰子_{驼背的人}　石心子_{石女}　驼子_{侏儒}

职业或地位卑微的人：

锢炉子_{锅匠}　打狗子_{杀狗卖狗肉的人}　车货子_{车夫，脚夫}　窑花子_{矿工}　剃头匠子_{理发匠人}
叫货郎子_{货郎}　杀猪兔子_{杀猪的屠户}　神老婆子_{懂巫术的妇女}　贩子_{贩卖东西的人}　姑子_{尼姑}

以上词语往往带有轻蔑、鄙视或厌恶的感情色彩。
（3）人的乳名。
分为几种情况：
①数词＋子。例如：

二子　三子　五子　六子

数词加"子"表示名字只限于"二、三、五、六"。一般不用其他数词。一般为
家庭排行，但也不尽然。
②形容词素＋子。例如：

超子　红子　顺子　刚子　强子　亮子　臭子　二臭子

③名词素＋子。例如：

犸［ma²¹³］子　狗子　妮子

以上乳名，是指老派人中的乳名。沂水方言中，三十岁以上的人的乳名，不论男
女，往往是这类子缀词，有的是表示美好意义的词加子缀，有的则是以平常物和贱物
加子缀来取名。
三十岁以下的人已很少用子缀词来取名，更多的少儿乳名是接近普通话常用的叠
音词如"乐乐、磊磊、婷婷、彬彬"等。

2．家［tçia⁰］

附加在指人的名词后面，分为两种情况：
（1）附加在称谓词后头，指某一类人。例如：

识字班家姑娘　小孩儿家　男人家　大老婆家已婚妇女　老嬷嬷子家老年妇女

小青年儿家男孩、小伙子　娘们儿家妇女

［1］老嬷嬷子家了，还穿红衣裳？（老太婆了，还穿红衣服？）

［2］男人家还和娘们儿一般见识！（男人还和女人计较！）

［3］大人说话，小孩儿家别插嘴儿！（大人说话，小孩别插嘴！）

［4］识字班家，吃个饭没样拉法，像什么样！（姑娘家，吃个饭没个规矩，像什么样！）

［5］年把轻轻的小青年儿家，情崴了家来，不出去干活，不嫌聒噪的上满？（年纪轻轻的小伙子，一直闲待在家里，不出去干活，不觉得烦吗？）

［6］些娘们儿家上什么桌子，喝什么酒啊？（这些妇女上什么酒桌，喝什么酒？）

（2）附加在男性人名、称谓后头，表示"某某的妻子"，是开放类。例如：

庆华家　魏清江家　大份儿来家老大的妻子　第二的家二弟的妻子　老李家　老三家

［1］庆华家上了哪啊？将忙儿还待这来啦摊子来。（庆华的老婆去了哪里？刚才还在这里聊长天来着。）

［2］俺大份儿来家不离巴，给我送的包子。二份儿来家嘎牛死。（我们大儿子的老婆做事不过分，给我送的水饺。二儿子的老婆吝啬死。）

［3］你去问问老李家她家来有啊吗。（你去问问老李的老婆她家里有没有。）

［4］小孩儿他爷爷生日，老三家怎么没去啊？（孩子的爷爷过生日，老三的老婆为什么没去？）

3. 詈语后缀

在沂水方言中，还有一部分专门的詈语后缀，与名词、动词、形容词或短语等组合构成用以指称人的名词。这些词大都带有轻蔑、鄙夷或厌恶的感情色彩。

汉［xã⁰］

瞎汉瞎子　聋汉聋子　疯汉疯子，精神病患者　癫汉疯子，精神病患者

"汉"与表示身体器官残疾或精神不正常的形容词相结合，构成指称身体或精神有缺陷的残疾人的名词。"汉"似乎词汇义还较明显，但"汉"的本义是指男性，而

作词缀时没有性别的差异，男女皆用，所以我们认为"汉"应算是一个虚化程度较高的词缀。

巴［pa⁰］

朝巴_{傻子}　瘸巴_{瘸子}　哑巴　结巴

"巴"也与表示身体器官残疾或智力低下的形容词相结合，构成指称身体或精神有缺陷的残疾人的名词。

货［xuə³¹］

草包货_{无能的人}　二出货_{呆头呆脑的人}　流球货_{流里流气的人}　朝巴货_{傻瓜}　哑巴货_{像哑巴似的人}

"货"与表示贬义的名词或表示残疾人的名词相结合，义为"像某类人的人"。

头［tʰəu⁴²］

滑头_{油滑、狡猾的人}　邪头_{任性、固执、不明理的人}　刺头_{刁蛮难缠的人}　绝户头_{没有儿子的人}
养汉头_{指与人偷情的已婚妇女}　炸子头_{蛮横霸道的人}

"头"与表示贬义性格特点的形容词及动宾短语如"绝户_{没有儿子}""养汉_{已婚妇女与男人偷情}"相结合，表示具有这种性格特点或行为的人。

包［pɔ²¹³］

齁歇包_{患哮喘的人}　心眼子包_{心眼儿}　吃才包_{饭桶，无能的人}

"包"与表示某些疾病如"齁歇_{哮喘}"或表贬义的名词相结合，表示具有某些特点的人。

（二）动词

1. 巴［pa⁰］

主要放在与手部动作有关的动词后面，有随意义。例如：

拣巴　搓巴　砸巴　洗巴　拆巴　撕巴　捏巴　剁巴　穿巴

2. 打［ta⁰］

主要放在带有"击打"语义特征的动词后面，例如：

背打　戳打　剜打　摔打　跳打

3. 拉［la⁰］

主要放在带有"＋能拉伸"语义特征的动词后面，例如：

锯拉　瞒跨越；隐瞒拉　□［iu²¹³］甩拉　骑拉　劈拉

4. 查［tʂʰa⁰］

主要放在跑爬类动词后面，例如：

跑查　爬查　蹿查

5. 揉［iu⁰］

主要放在带有［揉搓、使物体成圆状物］语义特征的动词后面，例如：

窝操作一团揉　□［nuã⁵⁵］操作一团揉　团揉　搓揉　缠揉　□［uei⁵⁵］身体蜷缩揉

6. 送［θuŋ⁰］

主要放在带有"往某处放入"语义特征的动词后面，例如：

拱送　攘用力塞送　□［tʂuei⁵⁵］塞送

上述所有动词词缀，都带有轻微、随意的语法意义。动词加了上述后缀，义为词根表示的动作幅度较小或延续时间较短。

（三）形容词

子［tθη⁰］

在沂水方言中，"子"缀还可以充当形容词的后缀。例如：

俊巴俊俏、漂亮子　　能达很能干、很有本事子　　跳达很有本事子　　皮达调皮子
恶插在饮食上不挑剔子　钻唧善于钻营子　　灵性很有灵气子

与不加"子"的基式相比，加了"子"缀的形容词有一种亲昵的感情色彩。

第二节　叠音式构词

沂水方言中有部分叠音式单纯词是普通话中所没有的。本节描写这部分叠音式单纯词。

一、名词

沂水方言中有下列叠音式名词。

1. 普通名词

A 组

馉馉馒头　　馍馍馒头　　蜓蜓蜻蜓　　蝶蝶蝴蝶　　蛾蛾飞蛾　　蛛蛛蜘蛛　　□［tuŋ²¹³］
［tuŋ⁰³］冰　几儿几儿一种个头比蝉小的形似蝉的昆虫　喋喋［tiə⁴²］［tiə⁰］蚂蟥　咬咬小昆虫的统称　亲亲亲戚　孖儿孖儿［mar²¹³］［mar⁰］婴儿　秼秼高粱　□［tei²¹³］
□［tei⁰］冷战　□［siə⁴²］□［siə⁰］口水　兜兜兜肚　顶儿顶儿顶针　搐儿搐儿［tʂʰur⁵⁵］［tʂʰur⁰］皱纹　至儿至儿［tʂɻ³¹］［tʂɻ⁰］褶子　事儿事儿烦心、烦人的事情　棵儿棵儿草丛、小树丛　本儿本儿书、本子

B 组
以下的叠音式结构不能单用，或者作中心语，前后加修饰语；或者作修饰语，前面或后面加中心语。例如：

七七菜一种野菜　拉拉秧一种茎叶通体有小刺，拉人的草本植物　鱼当当很小的鱼

不不丁儿_{蒲公英}　琉琉蛋儿_{玻璃球}　月月孩儿_{不满月的婴儿}　蹬蹬山_{一种前腿粗壮的蚂蚱}

山山牛_{头上有角的一种像牛的昆虫}　老嬷儿嬷儿［mar^{55}］［mar^{0}］_{老年妇女}

2. 儿语名词

沂水方言中还有一部分儿语叠音名词，是关于婴幼儿日常接触的关于人体、吃穿排泄、动物家畜、称谓等内容的词语，其中有些跟普通话相同，如：饭饭、肉肉、鞋鞋、帽儿帽儿、果儿果儿等，有些则是沂水方言特有的。例如：

粑粑［pa^{213}］［pa^{0}］_{煎饼}　盐盐_{咸菜}　包儿包儿_{饺子}　够够_{煮熟的地瓜}　酒酒_{乳房、乳汁}

香香_{香脂、润肤露}　勾儿勾儿（楼儿）_{公鸡}　唠儿唠儿_猪　羔儿羔儿_羊　呜呜_{汽车}

（睏）觉觉_{睡觉}　（尿）哗哗_{小便}　（拉）拔拔_{大便}　鸡儿鸡儿_{小男孩生殖器}　羞羞_{小女孩生殖器}

二、动词

词语	意义	例句
挂挂	牵挂	小孩儿走了到如今没个信儿，我挂挂的了不的。（小孩走了到现在没个信，我牵挂得不得了。）
收收	藏	钱叫我收收了抽匣子来去了。（钱被我藏到抽屉里去了。）
歇歇	休息	咱歇歇一霎儿吧。（咱们休息一会儿吧。）
摆摆	乱放	他把么儿摆摆了一桌儿。（他把东西乱放了一桌子。）
□［təu^{31}］ □［təu^{0}］	身体紧缩到一起	小鸡儿冻的把翅膀儿都□［təu^{31}］□［təu^{0}］起来了。（小鸡冻得把翅膀都缩起来了。）
□［siŋ^{213}］ □［siŋ^{0}］	睡醒	小孩儿还没□［siŋ^{213}］□［siŋ^{0}］。（小孩还没睡醒。）
□［tsiɑŋ^{213}］ □［tsiɑŋ^{0}］	怂恿	都是他□［tsiɑŋ^{213}］□［tsiɑŋ^{0}］的。（都是他怂恿的。）
痒痒	痒	知不道哪块骨头痒痒。（不知道哪块骨头痒。）
嚷嚷	不停地说	他待俺家来嚷嚷了半天。（他在我们家说了半天。）
□［tʰiŋ^{213}］ □［tʰiŋ^{0}］	僵硬；死	他妈叫他气的□［tʰiŋ^{213}］□［tʰiŋ^{0}］了。（他妈被他气得僵硬了。）
哈哈	说笑	哈哈起来情没个头儿。（说笑起来老是没个完。）
蔫蔫	植物失去水分；人没精神	乜棵方瓜怎么蔫蔫了？（这棵南瓜怎么蔫了？）

以上词语中，有些词语的基式单用也有意义，如"挂、收、摆"，但单用的语义与重叠式的语义相差甚远，所以我们将其看作单纯词。上述词语的第二个音节一律读轻声。

第三节 其他方式的构词

一、转类构词

1. 名词转为动词

词语	名词意义	动词意义	例句
霜	霜	被霜打了	地瓜叶子叫霜了。（地瓜叶子被霜打了。）
沟	沟渠	用镢头、犁等划土成沟	使镢头沟沟地。（用镢头沟一沟地。）
泥	水土混合物	用泥涂抹	你把墙泥泥。（你把墙用泥抹一抹。）
窖	地窖	把东西贮藏到地窖里	他两个人待菜园来窖白菜。（他们两个人在菜园里把白菜贮藏到地窖里。）
桶	水桶	液体从桶里倾出	膂来那水都桶了。（桶里的水都流出来了。）
药	药品	使人或动植物中毒	这个么儿药人。（这个东西能让人中毒。）
沙	沙石	(shà) 在容器上颠簸使其中的沙石等杂物分离出来	我去沙米。（我去簸米把杂物清除出来。）
奶	乳房，乳汁	(nài) 哺乳	她去奶孩子了。（她去给孩子喂奶了。）
扣	纽扣	(kōu) 扣纽扣	你扣杀扣儿。（你扣上扣子。）
祸害	引起灾难的人或物	损害、浪费	吃不了就祸害了。（吃不完就糟蹋了。）

2. 名词转为形容词

词语	形容词意义	例句
山	没见过世面，没有教养	连手机也不会使，山杀了你。（连手机也不会用，土死了你。）
柴	干、硬	馍馍听柴。（馒头很干硬。）

（续上表）

词语	形容词意义	例句
孙	容易被欺负、窝囊	他真孙。（他真窝囊。）
心事	心事重重的样子	这点儿么么儿搁了家来他怪心事。（这点东西放在家里，他心事重重。）

二、大+表示天气现象的名词

沂水方言中，有一部分表示天气现象的名词可以受"大"修饰，具有形容词的性质。如下表：

词语	意义	例句
大雨	雨很大的样子	大雨大雨的，怎么走啊？（雨这么大，怎么走啊？）
大泥	很泥泞的样子	地来大泥大泥的，进不去人。（地里泥很多，进不去人。）
大水	存水很多的样子	刚下了雨，街上大水。（刚下了雨，街上水很多。）
大步土	尘土很多的样子	今们儿刮大风，路上大步土。（今天刮大风，路上很多尘土。）
大雾露	雾气很大的样子	夜来大雾露，直接没法开车。（昨天雾很大，简直没法开车。）
大露水	露水很重的样子	地来大露水，没法进去。（地里露水很重，没法进去。）

三、"V+人"式结构

"V+人"式结构表示"让人觉得V"，V一般为表心理活动的动词，多数表示不舒服的感觉。例如：

愁人 让人觉得犯愁　气人 让人觉得生气　喜人 让人觉得可笑　恨人 让人觉得厌恨　鼓人 让人觉得生气　羞人 让人觉得丢脸　□[ɕiaŋ⁴²]人 让人觉得腻烦　瘆人 让人害怕、肉麻等　熏人 味道不好而浓烈的气体熏得人难受　烫人 感觉很烫、很热　烙人 感觉很烫、很热，像被火烙一样　□[tʂa⁴²]人 非常凉的感觉　脏人 让人觉得脏　硌人 硬物让身体不舒服　腻歪人 让人觉得腌臜　窝囊人 让人觉得腌臜　聒噪人 让人厌烦　□[kuə⁴²]□[tʂʰɔ̃⁰]人 让人觉得恶心、起鸡皮疙瘩　恶心人 让人恶心

这一类动宾结构是词而非词组，整个结构可受程度副词修饰，例如"真愁人""享气人""乔窝囊人"等。普通话中也有"烦人、吓人、急人、迷人"等，但沂水方言的"V+人"式结构更宽泛。

四、"家走、家去、家来"类词

"家走"是"往家里走、回家"的意思，"家去"中的"去"读为轻声，且弱化为 [tɕʰi⁰]，意思为"到家里去"，"家来"是"到家里来"的意思。说话人在家以外的地方，包括在大门口外，用"家走""家去"；说话人在家里，包括站在大门口，用"家来"。"家去、家来"的否定形式除了在前面加"不、没"以外，另有"家不去、家不来"表示"无法回家"。例如：

　　［1］我得家走看看。（我得回家看看。）
　　［2］我不家去了。（我不回家去了。）
　　［3］你怎么还没家走？（你怎么还没回家？）
　　［4］雨太大，我家不去了。（雨太大，我没法回家了。）
　　［5］雨怎么大，恁姐姐家不来了。（雨这么大，你姐姐回不来了。）
　　［6］家来喝碗水□ [pɛ⁰]。（到家里来喝碗水吧。）
　　［7］冬歇恁还家来上坟啊吧？（冬至你们还回不回家里上坟？）

"家走、家来"这一说法在整个临沂地区包括沂水、临沂、平邑、费县、苍山、郯城、临沭、蒙阴、沂南、莒南都存在，"家去"则不普遍，有的地方有，有的地方没有。另外临沂市河东区、郯城等地还有"走家、来家"的说法，意义、用法与"家走、家来"基本一样。

北京话有"家走"的说法，如"下雨了，快家走吧"①，江蓝生认为这里的"家"表示动作的目的地。

由于资料所限，我们还无法确定这一格式的来源。可以肯定的是，这个结构至迟在清代就出现了。（见江蓝生，1994b）

五、"知不道"

在普通话中，"知道"的否定形式只能为"不知道"，而在沂水话中，"知道"的否定形式除了"不知道"外，还有"知不道"。"知不道"与"不知道"的意思相同，可以互换而意思不变。在日常口语对话中，"知不道"的使用频率更高，一般情况下都说"知不道"。例如：

---

①　见江蓝生：《〈燕京妇语〉所反映的清末北京话特色》，《语文研究》1994 年第 4 期。

[1] 我知不道，别问我。（我不知道，别问我。）

[2] 咱知不道他挣多少钱。（我们不知道他挣多少钱。）

[3] 你又不是知不道他，犯于和他生气？（你又不是不了解他，犯得着和他生气？）

[4] A：上小滑石沟儿（村庄名）怎么走啊？（去小滑石沟村怎么走？）

　　 B：我还真知不道来。（我还真不知道呢。）

据沈怀兴（2005）① 调查，目前在官话方言区内说"知不道"者约两亿人，主要分布在山东省的大部分地区和河南省的商丘地区、周口地区、濮阳地区的部分县、开封地区的部分县、驻马店地区的部分县、信阳地区的部分县，以及陕西省的西安和汉中两个地区及富县—宜川一带、江苏省的徐州地区、河北省的唐山地区、山西广灵一带、青海省的西宁等地，东北地区也不乏说"知不道"者。

沈怀兴（2005）认为"知不道"是由主谓式结构"智不到"演变而来，南宋后期已基本完成了由"智不到"到"知不道（到）"的过渡。

小　结

沂水方言的构词法有以下特点：

（1）沂水方言和普通话构词的基本规则是一致的。构词手段和普通话一样也分为三种：通过语音手段造出单纯词，通过句法构词手段造出复合式合成词和重叠式合成词，通过形态构词手段造出附加式合成词。

（2）沂水方言和普通话的复合式合成词没有结构类型方面的差异，它们的不同主要表现在词汇学方面。

（3）在附加式合成词方面，与普通话相比，沂水方言有较多的词缀，包括前缀、中缀、后缀，范围涉及名词、动词、形容词。

（4）与普通话相比，沂水方言有较多的通过叠音手段造出的单纯词，包括名词、动词等。

（5）沂水方言有部分普通话所没有的构词，如"大 + 表示天气现象的名词"结构、"家走、家去、家来"类结构、"知不道"类结构等。

---

① 　见沈怀兴：《"知不道"和"不知道"》，《语言研究》2005 年第 3 期。

第二章　重叠特点

重叠是现代汉语及各方言普遍存在的一种语法现象。刘丹青（1986）在《苏州方言重叠式研究》中谈道："重叠是一种抽象的语言手段，它跟具体语言单位的结合便产生一个新的形式。"施其生（1997）在《论汕头方言中的"重叠"》中进一步指出："'重叠'作为一种语法手段，在汉语中普遍被用来构成各种重叠式"，"如果我们把'重叠'看作语言成分的一种构成要素，那么，重叠式的构成就是'基式＋重叠'"。这种把重叠从具体的重叠式抽象出来看作一种语法手段的思路给我们很大启发。

第一节　各类重叠

沂水方言的重叠涉及的词类有名词、数量短语、动词、形容词、拟声词等。本节按词类对沂水方言的各种重叠进行考察。

一、名词重叠

普通话中"重叠式名词主要是亲属称谓。……亲属称谓以外的重叠式名词只有'娃娃、星星、宝宝'几个"[①]。除了与普通话相同的"爸爸（新派说）、妈妈（新派说）、哥哥、姐姐、妹妹"等亲属称谓以外，沂水方言的名词还有下列两类重叠式。

（一）A 为普通名词

有两种类型："A 儿 A 儿"式和"AA 子"式。

1. "A 儿 A 儿"式

眼儿眼儿　窝儿窝儿　缝儿缝儿　盒儿盒儿　本儿本儿　面儿面儿　水儿水儿
屋儿屋儿　沫儿沫儿　方儿方儿_{药方}　套儿套儿　刺儿刺儿　渣儿渣儿　虫儿虫儿
梢儿梢儿　角儿角儿　脚儿脚儿　豁儿豁儿　棵儿棵儿　包儿包儿　边儿边儿
棚儿棚儿　蛋儿蛋儿　尖儿尖儿　布儿布儿

---

① 见朱德熙：《语法讲义》，北京：商务印书馆 1982 年版，第 26 页。

2．"AA 子"式

眼眼子　窝窝子　缝缝子　盒盒子　本本子　面面子　水水子　屋屋子　沫沫子
方方子_{药方}　套套子　刺刺子　渣渣子　虫虫子　梢梢子　角角子　脚脚子
豁豁子　稞稞子　包包子　边边子　棚棚子　蛋蛋子　尖尖子　布布子

与基式相比，上述两种类型的重叠式在感情色彩义上具有不同的特点，"A 儿 A 儿"式有喜爱、亲昵的色彩，"AA 子"式带有不太喜欢的色彩。

（二）A 为表示事物形状的名词

格儿格儿　条儿条儿　杠儿杠儿　丝儿丝儿　毛儿毛儿　点儿点儿

这类名词基式是表达事物的形状，儿化并重叠后的词语表示事物在花色、形状等方面的特点。重叠式在句中可以作谓语、定语、宾语，作谓语时后面都必须加助词"的"，作宾语时可以不加"的"直接指代事物，作定语修饰名词时，助词"的"可加可不加。例如：

［1］我买了个半大衣是红格儿格儿的。（我买了件中款大衣是红色方格的。）
［2］把山芋切成条儿条儿。（把土豆切成条状。）
［3］这个皮夹克领子是毛儿毛儿的。（这件皮夹克领子是毛的。）
［4］他穿了条杠儿杠儿裤子。（他穿了条有条纹的裤子。）
［5］条绒布儿都是有杠儿杠儿的，平绒布儿没杠儿杠儿。（条绒布料都是有条纹的，平绒布料没有条纹。）
［6］那个点儿点儿裙子不好看，穿上就和那珍珠鸡啊似的。（那个有点状花纹的裙子不好看，穿上就像那种珍珠鸡似的。）

二、数量短语重叠

数量短语中的数词限于"一"和"几"，重叠方式有两种："A 儿 A 儿"式和"AA 子"式。

1. "A儿A儿"式

一/几把儿把儿　几个儿个儿　几棵儿棵儿　一抹儿抹儿
一点儿点儿　一/几摞儿摞儿　一/几绺儿绺儿　一/几堆儿堆儿
一/几件儿件儿　一/几捆儿捆儿　一/几形_层儿形儿　一/几股儿股儿
一/几筐儿筐儿　一角儿角儿

2. "AA子"式

一/几把把子　几个个子　几棵棵子　一抹抹子　一点点子　一/几摞摞子
一/几绺绺子　一/几堆堆子　一/几件件子　一/几捆捆子
一/几形_层形子　一/几股股子　一/几筐筐子　一角角子

例如：

[1] 一把儿把儿韭菜，包不着包子。（一小把韭菜，没法包饺子。）
[2] 馍馍就剩几个儿个儿了。（馒头就剩几个了。）
[3] 弥豆就剩这几筐筐子了，你都要了吧。（芸豆就剩这几筐了，你都要了吧。）
[4] 种了二三十棵来，刮了一场大风，就活了乜几棵棵子。（种了二三十棵来着，刮了一场大风，就活了这几棵。）
[5] 这个袄精薄儿薄儿，就一形儿形儿棉花。（这件棉袄非常薄，就一层棉花。）
[6] 割乜一角角子镟饼，够谁吃的？（买这么一小块儿锅饼，够谁吃的？）

与基式相比，上述两种类型的重叠式在感情色彩义上具有不同的特点，"A儿A儿"式有喜爱、亲昵的色彩，"AA子"式有嫌弃其少的色彩，整体上两种格式都是表示"数量少"。

三、动词重叠

沂水方言的动词重叠有两种类型。

1. 与普通话相同的动词重叠式

这种类型的动词重叠，单音节为"AA"，双音节为"ABAB"。例如：

看看　听听　想想　歇歇　热热　吹吹　炒炒

商议商议　打劳_{打听打劳}　拾掇_{收拾拾掇}　吆喝_{喊吆喝}　施为_{修理施为}

关于动词重叠的语法意义，很多学者做过研究，提出诸如"多次、尝试、反复、经常、持续、轻量、短时、不定量"等说法，其中朱德熙（1982）的说法为较多的人所接受，即"表示动作的时量短或动量小"。很多学者因此将动词的重叠从体貌的角度归入短时貌或尝试貌。辛永芬（2007）认为动词重叠表达一个可控制的量，短时貌和尝试貌与动词重叠的语义不完全对等，短时或尝试可以用动词重叠来表达，但动词重叠不总是表达短时或尝试。

在沂水方言里，动词重叠表示短时貌，即动作行为或变化所经历的时间短，或指动作行为或变化所涉及的量小。动词重叠加"看看/试试"表示尝试貌。

（1）表短时貌。例如：

［1］我洗洗手着再拿。（我洗一洗手再拿。）

［2］你快扫扫地。（你快扫一扫地。）

［3］我去换换衣裳。（我去换一下衣裳。）

［4］饭冷冷着再吃。（饭冷一冷再吃。）

［5］你把菜热热。（你把菜热一热。）

［6］你麻去□［tɕʰiə²¹³］□［tɕʰiə⁰］。（你赶快去躺躺。）

［7］冷冷，小狗儿等等。（大人在给小儿喂食时，饭菜比较热，要小儿耐心等待时常说的话。意为让饭菜先冷一会儿，小孩子先等一会儿。）

与普通话的动词重叠不同的是，普通话中的"AA"式中间可以嵌入"一"，语义和用法与"AA"式基本相同，但在沂水方言中，"AA"式中间不能嵌入"一"。另外，普通话还可以用动词后面加轻声的"一下"来表示短时貌。沂水方言中的"一下儿"没有这项用法，它依然停留在表示实在意义的补语阶段，尚未虚化。例如：

［1］他是属破车子的，砸一下儿才动一下儿。（他是好像破自行车那样的人，打一下才动一下。）

［2］我摁了一下儿摁不动。（我按了一下按不动。）

［3］你再使锤敲一下儿试试。（你再用锤子敲一下试试。）

也就是说，普通话表达短时貌有三种手段：AA、A—A、A一下，沂水方言只有一种：AA。

（2）表尝试貌。例如：

［1］你吃吃中药看看。（你吃吃中药看。）
［2］你吆喝吆喝看看。（你喊一喊看。）
［3］你□［yə⁴²］□［yə⁰］看看。（你闻一下看看。）
［4］你抬抬腿试试。（你抬抬腿试试。）
［5］你往前走走试试。（你往前走走试试。）
［6］你敢乖乖我试试！我砸不杀你！（你敢碰一下我试试！我打不死你！）

尝试貌和短时貌往往交织在一起。王力（1944）认为动词重叠是表示时间极短，"由时间短可以生出'稍''略'的意思和'尝试'的意思"。李如龙（1996）认为"尝试貌表示动作行为的非正式性质和未定着状态。既是尝试，就未必十分周全，往往是短时进行的，因此尝试和短时常有关系而出现交叉"。

普通话中的动词重叠既可以表示短时也可以表示尝试，另外在动词重叠后附加轻声的"看"专职表示尝试。沂水方言表示尝试的手段是动词重叠再加"看看"或"试试"。

综上所述，我们认为，沂水方言的动词重叠与短时貌基本算是契合，但与尝试貌并不完全对等。

2. 普通话没有、沂水方言特有的动词重叠式

例如：

重叠式	语义	例句
盼盼	盼望	闺女不来，我就情盼盼着。（女儿不来，我就老是盼望着。）
挺挺	凸出	挺挺着个大肚子，难看杀了。（挺着个大肚子，难看死了。）
翻翻	翻	划的这道口子可是不浅，肉都翻翻着。（割的这道口子可是不浅，肉都翻出来了。）
伸［sun²¹³］伸［sun⁰］	伸	狗热的伸伸着舌头。（狗热得伸着舌头。）
筒筒	流（鼻涕）	小孩儿筒筒着鼻子，他妈也不给擦擦。（小孩流着鼻涕，他妈也不给擦一擦。）
探探	探	他探探着身子毂了半天。（他探着身子毂了半天。）
呲呲	呲	一说他，他就知道呲呲着牙喜。（一说他，他就知道龇着牙笑。）
拉拉	拉，拖	那个要饭的拉拉着个巴棍子。（那个乞丐拖着根棍子。）
撅撅	嘞	别撅撅着嘴。（别嘞着嘴。）

（续上表）

重叠式	语义	例句
鼓鼓	鼓	你那脸怎么鼓鼓着？（你的脸怎么是鼓的？）
龟龟	腰弯曲	他那腰都龟龟了。（他的腰都弯了。）
锅锅	腰弯曲	上铺太矮了，只能锅锅着腰。（上铺太矮了，只能弯着腰。）
虾虾	腰弯曲	我看着他待那来虾虾着腰找。（我看见他在那里弯着腰找。）
眯眯	眯	他天天眯眯着俩眼儿，就和睡不醒啊似的。（他天天眯着两个眼睛，就像睡不醒似的。）
拧拧	拧	走路别拧拧着身子。（走路别拧着身子。）
□［su²¹³］ □［su⁰］	向前伸	她□［su²¹³］□［su⁰］着个嘴，就知道吃，不知道干。（她伸着嘴，只知道吃，不知道干活。）
绷绷	绷	看他绷绷着脸，就知道他待发邪。（看他绷着脸，就知道他要发脾气。）

上述"AA 着"式中，能够充当 A 的单音节动词一般具有下面几个特征：①动作性。A 是表示动作行为的动词，包括部分表示心理状态的动词。②持续性。A 所表示的动作能够在短时间内持续。③一般为表示贬义的、不讨人喜爱的动作。

这类加"着"后的重叠式表示一种状态，具有描状的作用，功能上跟一个状态形容词基本相同。同时比单音节动词加"着"，在程度上有量的减弱；在感情色彩上，贬义与讨人嫌恶的色彩有所降低。

四、形容词重叠

1. "AA"式

沂水方言部分单音节形容词 A 有重叠式"AA"，其功能是独具特色的。

众所周知，普通话单音节形容词 A 也有重叠式"AA"，但实质上是"AA 的"式。《现代汉语八百词》指出，普通话的生动形式，修饰名词性成分时"无论哪种格式一般都必须带'的'"；作谓语或补语，一般也都要带"的"；修饰动词短语，一般都带"地"，只有少数 AA 式和 AABB 式可以例外，如"轻轻一推/慢慢说"。

沂水话的"AA"式不同，它是真真正正的"AA"式，使用时是不能加"的"的。

能进入这类"AA"式的单音节形容词不是很多，限于描写形状的几个形容词，如"长长长形""圆圆圆形""团团圆形""尖尖尖形""弯弯弯形""歪歪形状弯曲""扁扁扁形""瘪瘪形状扁平""斜斜"等。

沂水话的这类"AA"式可作定语或谓语、补语。作定语时的语法功能，与作谓语、补语时不相同。不管作什么成分，重叠后第二个音节都读轻声。

朱德熙先生（1956）指出，性质形容词（形容词的简单形式）作定语是限制性的，是作为分类的根据而存在的；状态形容词（形容词的复杂形式，含重叠式等）作定语是描写性的，不是用来作分类的根据。

沂水话这类"AA"式与普通话完全不同。它作定语时，是用来表示事物的属性，说明事物的性状，具有分类的功能，而不是描写性的。例如

[1] 四方盒子里盛的是饼干，圆圆盒子里盛的是糖。（方盒子里盛的是饼干，圆盒子里盛的是糖。）

[2] 长长茄子不如团团茄子好吃。（长茄子不如圆茄子好吃。）

[3] 天井来一棵弯弯枣树。（院子里有一棵弯枣树。）

[4] 那一溜尖尖屋顶的二起儿小楼都是青援食品厂的。（那一排尖屋顶的二层小楼都是青援食品厂的。）

[5] 盆子叫他拽了地下，一脚踩扁扁了。（脸盆被他扔到地上，一脚踩扁扁了。）

[6] 画的这线怎么歪歪着？（画的线为什么是歪的？）

[7] 你斜斜着身子走，就过来了。（你斜着身子走，就能过来。）

例[1]"圆圆"与"四方"对举，显然"圆圆盒子"说的就是"圆盒子"，"圆圆"只是限制性的，是作为分类的根据，而并非着重描写盒子的状态。同样，例[2]的"长长茄子""团团茄子"也只是着眼于区分这两种茄子，一种是长茄子，一种是圆茄子。可见，沂水话"AA"式作定语，其功能是限制性的，与普通话截然不同。

2．"ABB 的"式

"ABB 的"式由词干"A"和双音节重叠式后缀"BB"构成，"A"主要是形容词，也有名词转类的形容词如"水""山"等，和普通话的构成方式、用法基本相同。"A"与"BB"搭配的词语有些是和普通话一样的，有些则有其独特之处。如："脆生生的、紧巴巴的、烂乎乎的、硬邦邦的、香喷喷的、酸溜溜的、辣侯侯的、甜丝丝的、热乎乎的、宽绰绰的、高扫扫的、高乎乎的、矮扑扑的、红迂迂的、黄乎乎的、蓝乎乎的、紫乎乎的、黄洋洋的、蓝荧荧的、疼乎乎的、壮实实的、结实实的、水泠泠的、水拉拉被水浸过状的、湿拉拉的、起晾晾地面等干湿适中, 不潮湿的、软乎乎的、臭烘烘的、直勾勾的、急拉拉着急的样子的、傻乎乎的、山乎乎土气的、白寥寥颜色有点白的、咸啧啧的、凉镇镇的、凉飕飕的、臊乎乎的、文绉绉的、潮乎乎的、麻利利的、精拉拉仔细、认真的、温乎乎的"等。

在沂水话上述例子中 AB 也能成词的有：脆生、紧巴、烂乎、热乎、宽绰、高扫、壮实、结实、起晾干燥不潮湿、文绉、麻利、温乎等。

"ABB 的"式表示比较"A"，程度不及"怪很A""岗（着）非常A"。可作谓语、补语、状语。例如：

[1] 新屋宽绰绰的。（新房子比较宽敞。）

[2] 地上起晾晾的，甭穿胶鞋。（地上比较干燥，不用穿胶鞋。）

[3] 他奶奶七十九了还壮实实的，一点毛病没有。（他奶奶七十九岁了还挺壮实，一点毛病没有。）

[4] 你把箱子捆得结实实的，省得掉了。（你把箱子捆得结实一些，免得掉了。）

[5] 糊涂还温乎乎的，甭热。（玉米粥还温温的，不用加热。）

[6] 西瓜搁了井水来拔着，吃起来凉镇儿镇儿的。（西瓜放在井水里凉着，吃起来凉凉的。）

[7] 椒子炒肉咸喷儿喷儿的才好吃。（辣椒炒肉比较咸一些才好吃。）

此格式的变调规律是，"B"原来不管读什么调，重叠后一律变为去声 21 + 阳平 42，"A"不变。

3. "AABB 的"式

能重叠成"AABB 的"式的"AB"主要是形容词，如"窄巴、迂磨、急火、二忽、神道、木张"等，此外个别名词（如"朝巴智力低下者；傻子""流球流氓"）和个别动词（如"吱外"）也能进入此格式。例如：

窄窄巴巴有点窄的　迂迂磨磨磨磨蹭蹭的　急急火火匆匆忙忙的　二二思思犹犹豫豫的
二二忽忽犹犹豫豫的　吱吱外外小声说个不停状的　朝朝巴巴有点傻的　凑凑付付将将就就的
神神道道装神弄鬼的样子或神经质的　木木张张忘乎所以的样子的　流流球球下流，像流氓一样的

"AABB 的"可作状语、谓语，不作定语，亦极少作补语，主要描摹情状，有程度减弱的意味。例如：

[1] 他急急火火的走了。（他匆匆忙忙地走了。）

[2] 到底去还是不去？我一直二二思思的打不出谱来。（到底去还是不去？我一直犹犹豫豫地计划不出来。）

[3] 这小孩儿吱吱外外的，磨了半天才走。（这孩子嘟嘟囔囔的，磨了半天才走。）

[4] 他一下生就朝朝巴巴的。（他一出生就傻乎乎的。）

[5] 那个女的叫人家哄了，这神神道道的。（那个女人被别人骗了，现在有些神经质。）

[6] 今晌午，家来还有俩包子，仨馍馍，剩的半锅姑渣子，凑凑付付也够了。（今天中午，家里还有两个包子，三个馒头，吃剩的半锅疙瘩汤，凑合着也够吃了。）

此格式的变调规律为第一个"A"声调不变，第二个"A"读轻声，"BB"一般是上声 33 + 轻声。

4. "大 AA—精 AA"式

"大""精"的意思相当于"怪很""岗（着）非常"，因此，"大 AA"与"精 AA"都有加重强调程度的意味。

"大 AA"的"A"与"精 AA"的"A"往往是成对的反义词。"大"修饰表示某种程度"量大"的形容词，"精"修饰表示某种程度"量小"的形容词。常用的表示远近、高矮、胖瘦、轻重、长短、粗细等的单音节形容词都可以进入这个格式。比如：

大高高—精矮矮　　大深深—精浅浅　　大长长—精短短　　大粗粗—精细细
大稠稠—精稀稀　　大宽宽—精窄窄　　大沉沉—精轻轻　　大胖胖—精瘦瘦
大远远—精近近　　大厚厚—精薄薄

这两个格式可作补语、谓语，不能作定语和状语。例如：

[1] 乜包儿看着精轻轻，一提溜大沉沉。（这个包儿看着很轻，一提很重。）
[2] 俺家离城还大远远，得坐车去。（我家离县城还很远，得坐车去。）
[3] 这块布精短短，做不着褂子。（这块布很短，做不了上衣。）
[4] 这口井大深深。（这口井很深。）
[5] 她生了个闺女，长的大胖胖。（她生了个女儿，长得很胖。）
[6] 恁舅大高高，找了个妗子精矮矮。（你舅舅很高，找了个舅母很矮。）
[7] 夜黑晏那雪下得大厚厚。（昨天晚上的雪下得很厚。）
[8] 新媳妇儿精细细。（新媳妇很苗条。）

此格式的变调规律是：平声字（阴平字和阳平字）重叠后第一个音节不变，第二个音节一律重读，且声调上扬，声调近似阳平 42。非平声字（上声字和去声字）重叠后第一个音节不变，第二个音节一律轻读，近似轻声。

31

五、拟声、拟状词重叠

1. "AA 的"式

沂水方言的拟声、拟状词在普通话中往往没有相应的说法，多数写不出本字，要用同音字来代替。如："出出的快跑、快走貌""忽忽的快跑、快走貌""遛遛的快跑、快走貌""诌诌的快跑、快走貌""呜呜的形容风声、哭声等""哈哈的大笑貌""嗷嗷的大声喊叫、哭叫貌""呱呱的湿，滴水状"等。二字重叠时，不管原来读什么调，一律变为阴平 213 + 阳平 42。

"AA 的"一般只作状语或补语修饰动词。例如：

[1] 他一看着我就出出的跑了。(他一看见我就嗖嗖地走开了。)

[2] 他刚骑着摩托车诌诌的上了城。(他刚骑着摩托车嗖嗖地进城去了。)

[3] 外头呜呜的刮大风。(外头呜呜地刮着大风。)

[4] 她一霎儿喜的哈哈的，一霎儿□[çia⁵⁵]的嗷嗷的，情是癫了。(她一会儿笑得哈哈的，一会儿哭得嗷嗷的，好像是疯了。)

[5] □[tʰuə̃⁵⁵]在下过雨或雪的地里走了一天雪，鞋湿的呱呱的。(在雪地里走了一天，鞋湿得呱唧呱唧响。)

上述例子中，"AA 的"或描摹动作状态的形貌，或描摹声音，十分生动形象。

2. "ABAB 的"式

在沂水话中，构成"ABAB 的"式的"AB"一般为拟声词，重叠后加"的"作形容词用。例如：

扑棱扑棱飞禽飞的声音、形态的　呱唧呱唧咀嚼或脚踩泥地的声音的　嘎吱嘎吱咬嚼酥脆食品或物件的关联处不润滑发出的声音的　刚争刚争嘎嘣嘎嘣的　吧唧吧唧咀嚼的声音的　沙楞沙楞食品质地清爽如沙的

"ABAB 的"式主要描摹声音，有生动的意味，可作状语、谓语。例如：

[1] 我刚寻思去逮它，它就扑棱扑棱的飞了。(我刚想去逮它，它就扑棱扑棱地飞了。)

[2] 这个西瓜好吃，沙楞沙楞的。(这个西瓜好吃，沙沙的。)

〔3〕吃饭别吧唧吧唧的。(吃饭别吧唧吧唧的。)

〔4〕大门一偎就嘎吱嘎吱的,得上点油了。(大门一推就嘎吱嘎吱的,得上点儿油了。)

〔5〕你嘴里刚争刚争的,吃的什么?(你嘴里嘎嘣嘎嘣的,吃的什么?)

此格式的"AB"都读为阴平 21 + 轻声。

第二节 形容词的生动形式

沂水方言中,有些形容词可以通过加后缀的方式构成生动形式。朱德熙(1999)[①] 和刘丹青(1986)[②] 将这类后缀称为变形重叠,认为有的是声母重叠,有的是韵母重叠。江蓝生(2006)把这类词称作单音词的多次变形重叠。这里我们暂时不对这些形式的构造作分析,只将其称为生动形式。

1. AXY(的)

"A"是基式,是性质形容词,"XY"是后缀,没有实际意义。例如:"酸巴剂的、酸巴流的、甜么索的、甜么西的、苦嘎剂的、硬各支的、热咕嘟的、凉支外的、恣马悠高兴的"等。

此格式表示"有点 A",程度比"A"要弱,具有和缓的语气色彩。表达褒义意思时,有喜爱的感情色彩。表达贬义意思时,厌恶的感情不强,略有不满。其语法性质是状态形容词,语法功能与基式不同,加上"的"在句中主要作谓语、定语。例如:

〔1〕地瓜多打甜么西的,不难吃。(红薯窝头甜丝丝的,不难吃。)

〔2〕桃硬各支的,还不熟。(桃子硬邦邦的,还不熟。)

〔3〕饭热咕嘟的,得冷冷才能吃。(饭热乎乎的,得冷一冷才能吃。)

〔4〕过了白露,早晨下晚儿就凉支外的。(过了白露,早晨下午就凉飕飕的。)

〔5〕他一个人坐了饭店来,恣马悠的喝酒。(他一个人坐在饭店里,很高兴地在喝酒。)

〔6〕这回儿买那苹果怎么有点儿苦嘎剂的?(这次买的苹果怎么有点苦味儿?)

〔7〕橘子不酸不好吃,酸巴流的才好吃。(橘子不酸不好吃,有点酸味儿才好吃。)

---

① 见《潮阳话和北京话重叠式象声词的构造》,朱德熙:《朱德熙文集》(第3卷),北京:商务印书馆1999年版,第4页。

② 见刘丹青:《苏州方言重叠式研究》,《语言研究》1986年第1期。

此格式变调规律是第一个音节不变，第二个音节读轻声，第三个音节一律变为阳平42。

2. AXYZ（的）

基式"A"是性质形容词，"XYZ"是后缀，没有实际意义。例如："脏吧拉哜的、野吧拉哜的、邪拉巴支的、黑不溜秋的、胡支马约的胡乱、不讲究、懈拉（子）光当的松懈，松松垮垮、圆鼓伦敦的、愣了八支的偏头偏脑、傻不愣登的、油脂麻花的油腻、干巴燎呛的人面色无光泽，瘦小，缺营养、呼农巴哜的葱、蒜、韭菜等的味道、出溜拐弯的弯弯曲曲的、梯溜淌郎的形容大大小小的东西很多或走路声音很响而不断、低溜嘟噜的形容下垂物体很多、低溜大挂的衣服破烂不整洁、漓溜（子）拉洒的液体不断洒出、花来胡赤的花里胡哨、急毛（子）活促的匆匆忙忙、愚二嘎指的反应不灵敏，迟钝、二郎八蛋的吊儿郎当、山猫野兽的形容人没见过世面、说话声音大、一惊一乍、爱咋呼"等。

跟基式相比，此类生动式有很强的表现力，且绝大多数带有贬义或不满的感情色彩。词性由性质形容词变为状态形容词。在语法功能方面，生动式加上"的"在句中主要作谓语、补语、定语。例如：

［1］小孩儿晌午不来家吃饭，我自己就胡支马约的吃点算完。（孩子中午不回家吃饭，我自己就随便吃点算了。）

［2］袋子里圆鼓伦敦的那个么儿是什么？（袋子里那个圆鼓鼓的东西是什么？）

［3］我刚炸完丸子，手上油脂麻花的。（我刚炸完丸子，手上油乎乎的。）

［4］这小孩儿长的黑不溜秋的。（这小孩儿长得黑乎乎的。）

［5］怎么大年纪了还穿的花来胡赤的，像什么样？（这么大年纪了还穿得花里胡哨的，像什么样？）

［6］这是什么衣裳？低溜大挂，和蓑衣似的。（这是什么衣服？没个形状，像蓑衣一样。）

［7］千万别待外头扎杀，叫人看着山猫野兽的，笑话煞。（千万别在外面撒野，让人看着没教养，笑话死。）

［8］他四叔那个人你又不是知不道，愚二嘎指的，还不听人劝，不撞南墙不回头。（他四叔那个人你又不是不知道，傻乎乎的，还不听人劝，不撞南墙不回头。）

［9］吃个饭漓溜子拉洒，吃完那桌子就和鸡刨了似的。（吃个饭洒得东西到处都是，吃完那桌子就像被鸡刨了一样。）

［10］二郎八蛋的那些人，你千万别去打伙。（不正经的那些人，你千万别去跟他们混在一起。）

以上这些生动形式与形容词的加缀重叠式基本相同，生动式与基式相比，在意义上带有某些附加色彩，描状性加强，并伴有程度上的减弱。语法功能上生动形式与原形容词（基式）相比也有不少差异，比如不能受程度副词的修饰，可以比较自由地修饰动词性成分等。

关于这类后缀的来源与性质，江蓝生（2006）先生的观点给我们很大启发。江先生在研究取自元曲的元代三字词、四字词时，认为这类格式属单音词的多次变形重叠，包括顺向变声重叠和逆向变韵重叠。变形重叠是使词语产生描状性、变为状态形容词的语法手段，变形重叠比不变形重叠更容易使重叠式凝固为一个复音节的单纯词，多次变形重叠在描摹声音或其他状态的持续性、连贯性方面要比多次不变形重叠形式更相似、更生动、更能传达说话者的主观感情色彩。

江先生的研究对象虽是元代的词语，但这些词汇与现今沂水方言形容词的生动形式应是一脉相承的，与沂水方言的同类语言现象有高度的一致性，我们认为，用江先生的观点来解释沂水方言上述后缀的来源与性质也是很有说服力的。

小　结

1. 关于沂水方言重叠的类型

刘丹青（1988）[①] 从不同角度对重叠的方式进行归类，比如从重叠式与基式的相同度分为完全重叠和变形重叠，从重叠手段的作用范围分为整体重叠和部分重叠等。

参照以上思路，按照沂水方言重叠式本身的构造，沂水方言重叠的类型可概括为以下三种：

（1）完全重叠。如"AA、A 儿 A 儿、AABB、ABAB"。这种重叠覆盖的范围最广，名词、动词、形容词、拟声词都有这种重叠，其中名词只有这种重叠。

（2）不完全重叠。如"ABB"。这种重叠只在形容词中有。

（3）加缀重叠。如"一 AA、AA 子、AXY、AXYZ"。这种重叠覆盖的范围也很广，名词、动词、数量短语、形容词都有这种重叠。

2. 关于沂水方言重叠的语义功能

（1）名词和数量短语的重叠是表示小称的语法手段。与没有重叠的基式相比，重叠后的名词与数量短语有表小和增添了感情色彩的小称意义。

（2）动词、形容词、拟声词的重叠式不管原来基式是什么词性，重叠之后都表

---

① 见刘丹青：《汉藏语系重叠形式的分析模式》，《语言研究》1988 年第 1 期。

示一种状态，具有描状的作用，功能上与一个状态形容词基本相同。显然，使基式状态形容词化应是重叠的基本语义功能。

石毓智（1996）认为，重叠是表达量范畴的一种语法手段，跟基式相比，重叠式都有程度量上的变化，或减轻或加强。我们认同这一论断。

我们认为，沂水方言的重叠不仅包含量的概念，也包含感情色彩的意义。从"大小称"的概念来说，沂水方言的重叠可以看作一种表示小称的语法手段。

第三章　代词特点

第一节　人称代词

一、形式

沂水方言人称代词表

	单数	复数	
第一人称	我	包括式	排除式
第一人称	我	咱	俺
第二人称	你	恁	
第三人称	他／（它）	他那些人儿	
自己	自己		
别人	人家，旁人		
大家	大家伙儿，大家伙儿来		

二、意义与用法

（一）我［uə⁵⁵］、你［ni⁵⁵］、他／（它）［tʰa⁵⁵］

声调都为上声，分别称代单数的第一、二、三人称。例如：

我自己会做饭，你光做他的就是。（我自己会做饭，你只做他的就是。）

除非拟人，"你、我"都称人，不称动物或物。"他／（它）"有时可称动物或物，但都是回指而非直指，"他／（它）"作主语或主语的定语时绝对不能称物，只有处在其他位置上的"他／（它）"才可以称物。例如：

[1] 乜个苹果你把它吃了□［pε⁰］。（这个苹果你把它吃了吧。）

[2] 刚忙儿一个小猫儿跑了屋来了，我逮了半天，没逮着它。（刚才一只小猫跑到房间里了，我逮了半天，没逮着。）

这两句的"它"指物和动物，前句的"它"作介词的宾语，后句作宾语，都不是主语，且都是回指，分别回指"苹果"和"小猫"。

沂水方言里"我、你、他/（它）"的基本用法与普通话差异不大，需要指出的是第三人称的"他/（它）"不像普通话那样读为阴平，而是读为上声。这里的原因我们认为可以借鉴李如龙先生（1999）①的解释，李先生在谈到东南方言的代词时，认为大多数客、赣、粤方言的"我、你、渠"都读为同调，这是"渠"受到"我、你"的感染，同类相从的结果。第三人称代词是最迟形成的，有如后来入伙的同行者，随着先行者的路向走了，这是适应小系统的同义的需要而发生的类化音变。我们认为这一解释是很有说服力的，用来解释北方方言的沂水方言，应该同样行得通。

（二）俺［ŋã⁵⁵］、咱［tθã⁴²］／［tθõ̃⁴²］、恁［nõ̃⁵⁵］、他那些人儿［tʰa⁵⁵ na³¹ siə²¹³ ʒər⁴²］

这四个词是复数人称代词，基本意义相当于普通话的"我们、咱们、你们、他们"。"俺"是第一人称的复数形式，称说话人一方的多个人，是排除式的。"咱"有两个读音，［tθã⁴²］和［tθõ̃⁴²］，这两种读音形式对应的意义一样，使用频率也相当，仍然称说话人一方，不过把听话方的人也当作说话人己方的成员，是包括式的。"恁"是第二人称的复数形式，称听话人一方的多个人。"他那些人儿"是第三人称的复数形式，称说话人和听话人以外的多个人。例如：

[1] 俺来时恁没待家。（我们来的时候你们不在家。）

[2] 他那些人儿大配待乜来讲古的工夫，主任来了。（他们正在那里议论的时候，主任来了。）

[3] 他不去，咱去。（他不去，我们去。）

[4] 咱这一大家子，过得都不大富大贵的吧，就是各人都嘎伙的好。（我们这一大家子，过的日子虽然都没有大富大贵，但是每个人都相处得很好。）

（三）"俺""恁""他"在语用中的一些用法

人称代词有时超出其本来的意义，发生人称或数量上的变化，同时产生某种语用

---

① 见李如龙：《闽南方言的代词》，载李如龙、张双庆主编：《代词》，广州：暨南大学出版社1999年版。

意义，这种现象在汉语方言中非常普遍。以下说明沂水方言的有关情况。

1. "俺"和"恁"可以用作第一、第二人称的单数

这类活用的"俺"往往带有"自倨"的感情色彩，"恁"则带有疏远的感情色彩。例如：

[1] 他没叫俺，光叫的恁。（他没叫我，只叫了你。）

[2] A：恁知道小宋留校了吧？（你知不知道小宋留校了？）

　　B：俺不知道，爱咋咋着。（我不知道，愿意怎么着就怎么着。）

[3] A：听说他大姐和他大姐夫离婚了。（听说他大姐和他大姐夫离婚了。）

　　B：俺没听说。恁那消息怎么怎么灵通啊。（我没听说。你的消息怎么这么灵通啊。）

[4] 恁行啊，又有本事，又有门子，还愁什么？（你行啊，又有本事，又有门路，还愁什么？）

[5] 恁麻自己去呗，俺不去。（你快点自己去吧，我不去。）

[6] A：这话儿恁去和他说说呗。（这话儿你去和他说说吧。）

　　B：俺不。（我才不去。）

以上例句中，"俺"和"恁"指代单数的第一人称和第二人称，但在上述话语的语境中，"俺"和"恁"不能换成"我"和"你"，只有用"俺"和"恁"才能表达出说话者的某类感情色彩（即"自倨"和"疏远"），这类语用意义是"我"和"你"不具备的。以上语句用普通话没有非常确切的对译，用"我"和"你"来对译表达不出说话人强烈的感情意味。沂水人讲普通话时遇到此类语境，由于找不到合适的词语来表达自己的情绪，往往直接说成"俺"和"恁"。特别是表达拒绝的"俺不"，使用频率很高，表达出说话者明确、直接、强烈的感情色彩。

用作单数时，"俺"和"恁"与"我"和"你"有以下区别：

（1）"我"和"俺"。

①"我"和"俺"都可用作主语、宾语和定语，在主、宾语位置上的"我"和"俺"区别不大，经常可换用，但在作定语时使用场合有所不同，不能混用。

a. 在亲属称谓和作称谓词用法的表示职务、职称的名词之前，若加第一人称代词，只能用"俺"，不能用"我"。例如：

[1] 俺娘今们儿不好受。（我母亲今天不舒服。）

[2] 俺哥哥待西藏当兵。（我哥哥在西藏当兵。）

[3] 那个穿红衣裳的是俺老婆。（那个穿红衣服的是我老婆。）

[4] 俺婶子娘家是武家洼的。（我婶子娘家是武家洼的。）
[5] 俺爷还待这来，俺娘家走了。（我父亲还在这里，母亲回家了。）

b. 在表社会单位的词语前，只能用"俺"，不能用"我"。例如：

俺家来_{我家里}/俺学校来_{我们学校里}/俺班儿来_{我们班里}/俺县来_{我们县里}/俺庄儿来_{我们村里}

以上都不能说成我娘/我哥哥/我老婆/我婶子/我爷/我娘/我家来/我学校来/我班儿来/我县来/我庄儿来。

②强调单数第一人称时，用"我"，不用"俺"。例如：

[1] A：谁敲门啊？（谁敲门啊？）
　　 B：我。（我。）
[2] A：书是你弄毁的吧？（书是不是你弄坏的？）
　　 B：不是我。（不是我。）

③与"恁"对举时一般用"俺"，与"你"对举时一般用"我"。例如：

[1] 我和你一块儿走。（我和你一块儿走。）
[2] 俺和恁一块儿走。（我和你一块儿走。）

以上两个句子中的人称代词都是表示单数，若用"你"，就要用"我"，一般不说"俺"。反之，若用"恁"，则一般不用"我"，而说"俺"。
（2）"你"和"恁"。
相当于"我"和"俺"的区别：
①在亲属称谓与作称谓词用法的表示职务、职称的名词和表社会单位的词语之前，若加第二人称代词，只能用"恁"，不能用"你"。例如：

恁娘_{你母亲}/恁哥哥_{你哥哥}/恁老婆_{你老婆}/恁老师_{你们老师}/恁家来_{你家里}/恁学校来_{你们学校里}/恁班儿来_{你们班里}/恁县来_{你们县里}/恁庄儿来_{你们村里}

上述词语不能说成你娘/你哥哥/你老婆/你老师/你家来/你学校来/你班儿来/你县来/你庄儿来。
②强调单数第二人称时，用"你"不用"恁"。例如：

［1］就盖你是的。（就怪你。）

［2］你说走，我才走。（你说走，我才走。）

将复数式用作领格的现象在其他方言中也存在，例如①：

上海：阿拉娘_{我母亲}/伊拉爷_{他父亲}（吴语）

吴江：吾堆/嗯那/伊拉堆家婆_{我/你/他老婆}（吴语）

厦门：阮老爸_{我父亲}/恁厝内侬_{你家里人}（闽语）

领格代词用复数代单数，在近代汉语中即有常例。吕叔湘（1985）② 认为：

在过去的中国社会，家族的重要过于个人，因此凡是跟家族有关的事物，都不说我的，你的，而说我们的，你们的（的字通常省去），如"我们舍下"，"你们府上"。例如：

你也好了，该放我回去瞧瞧我们那一个去了。（《红楼梦》第 57 回）

你们紫鹃也找你呢。（《红楼梦》第 24 回）

有时候实在只跟个人有关，例如夫之于妻，妻之于夫，也依然用我们（的），你们（的）。

沂水方言领格代词用复数代单数的用法应是对近代汉语的一脉相承。这类语言现象在普通话中除用在指单位的名词前以外已不这样说，在许多方言包括沂水方言中却沿用至今。

2. 关于"他"的用法

（1）以上被领有的词语前若是第三人称，则不论单数、复数一律用"他"。表复数的如：

他学校来_{他们学校里}　他班儿来_{他们班里}　他县来_{他们县里}　他庄儿来_{他们村里}

以上列举的词语在沂水话里是复数概念，在普通话里也要说成复数的"他们"，但沂水话只能用"他"，不能用"他那些人"。

（2）作领有标志的"他"。

---

① 见刘丹青：《吴江方言的代词系统及内部差异》，李如龙：《闽南方言的代词》，载李如龙、张双庆主编：《代词》，广州：暨南大学出版社 1999 年版。

② 见吕叔湘著，江蓝生补：《近代汉语指代词》，上海：学林出版社 1985 年版，第 72 页。

领有的词若是人名或称谓词，被领有的词是称谓词，它们之间的领有标志要用"他"。除非在特别强调领有关系的情况下要用"的"，一般情况都要用"他"。例如：

亚丽他爷爷亚丽的爷爷　小孩他姥娘小孩的姥姥　俺班长他老婆我们班长的老婆

老王他徒弟老王的徒弟　恁老板他两乔儿你们老板的连襟

（四）自己〔tθi⁴²tɕi²¹³〕、人家〔iə̃⁴²tɕia⁰〕、旁人〔pʰɑŋ⁴²iə̃⁰〕

"自己"和"人家"与普通话的意义、用法大致相同，"旁人"的意思为"别人"。"自己"指某个人、某些人自身，"旁人"和"人家"常和"自己"意义相对，称代某个人、某些人以外的人。例如：

[1] 他非自己吃，不叫旁人喂。（他非要自己吃，不让别人喂。）

[2] 你自己也有，抢恁哥哥的做什么？（你自己也有，抢你哥哥的干什么？）

[3] 自己的孩子自己疼。（自己的孩子自己疼。）

但"人家"和"旁人"只是部分意义相同，并不完全相同。"人家"和"旁人"与普通话的"人家"和"别人"也不完全一致。具体区别如下：

（1）"旁人"可指某人、某些人以外的任何人，"人家"没有这个意义。

（2）"人家"在语用方面有时可代替"他""他那些人儿"，如为了表示对讲话第三方的疏远，可以用"人家"来称呼第三方（代替"他"或"他那些人儿"）。例如：

[1] 他说你借了他的钱没还，你快凑凑还给人家！（他说你借了他的钱没还，你快凑一凑还给他！）

[2] 人家合么家子吃团圆饭，你去掺和什么！（人家全家在吃团圆饭，你去凑什么热闹！）

[3] 人家不喜拉你，你就快点儿走！（人家不喜欢你，你就快点儿走！）

若说话者对听话者撒娇或显示俏皮，不表疏远，则不能用"人家"，要用"旁人"。例如：

[1] 也不子声一声儿就进来，吓了旁人一跳。（也不说一声就进来，吓了我一跳。）

[2] 旁人几子忙的要命，你又来找事儿。（我本来就忙得要命，你又来找茬。）

上述两种情况，若用普通话表达，都要用"人家"，后一种情况不能用"别人"。但在沂水方言中，前一种情况用"人家"，后一种情况要用"旁人"。

（五）大家伙儿 $[\text{ta}^{31}\text{tçia}^{0}\text{huər}^{55}]$、大家伙儿来 $[\text{ta}^{31}\text{tçia}^{0}\text{huər}^{55}\text{lε}^{0}]$

这两个词都指一定范围内所有的人，与普通话的"大家""大伙儿"意义相同，用法略有差异，应用范围比普通话的"大家""大伙儿"窄。普通话的"大家""大伙儿"可以跟在所有复数人称代词的后头起复指作用，沂水话的"大家伙儿""大家伙儿来"只能跟在包括式的第一人称和第二人称的复数后面。下面四句话中，普通话都可以用"大家"或"大伙儿"，沂水话则只有前两句可用"大家伙儿""大家伙儿来"，后两句要用"这/乜/那些人"。例如：

［1］恁大家伙儿来先歇一霎□［pε⁰］。（你们大家先歇一会吧。）
［2］咱大家伙儿来都有份。（咱们大家都有份。）
［3］俺这些人都没听说。（我们大家都没听说。）
［4］他那些人都走了。（他们大家都走了。）

三、人称代词在句子里的读音

（1）作为及物动词的宾语并置于句末（包括分句）时，沂水方言的单音人称代词通常读为轻声。例如：

［1］别咋呼他。（别叫他。）
［2］你要碰着他，就和他说声儿。（你如果碰见他，就和他说一声。）
［3］管谁去问他，他都乜样儿说。（甭管谁去问他，他都那样说。）
［4］九点我去叫你。（九点我去叫你。）
［5］甭你管我。（不用你管我。）
［6］俺不管你，你爱咋咋着。（我们不管你，你愿意怎么着就怎么着。）

（2）单音人称代词作宾语，之后又连着轻声音节的助词，不论是否在句末，都读轻声。例如：

［1］你送给我那锅，我早就使了。（你送给我的锅，我早就用了。）
［2］他借给你了吗？（他借给你了没有？）

（3）如果不是及物动词的宾语，即使置于句末也不读轻声。例如：

[1] 分儿最高的是你。（分数最高的是你。）
[2] 能不贪钱的人儿也就是你。（能不贪钱的人也就是你。）
[3] 赚了相应的不是他。（占了便宜的不是他。）

（4）如果是并列结构，或者是语用强调的成分，不论在句中或句末，单音代词都读本调。例如：

[1] 凭什么熊我不熊他？（凭什么批评我不批评他？）
[2] 不管你还是他，都有份儿。（不管你还是他，都有份儿。）
[3] 这个事儿能成，亏了他。（这个事儿能成，幸亏他。）
[4] 恁去看老师着，叫上我。（你们去看老师的话，叫上我。）

第二节　指示代词

一、指人或事物的指示代词

（一）这 [tsə³¹]、乜 [niə³¹]、那 [nə³¹] / [na³¹]

1. 指别

这三个词指示人或事物中的某个或某些个体。"这"和"那"作为近指和远指是毫无疑义的，"乜"的用法则比较灵活。单用时，"乜"似乎可用作近指也可用作远指或者非远又非近，而且使用频率都相当高。但如果"乜"和"这""那"并举时，就一般人的语感来说，"这"比"乜"所指要近一些，"那"比"乜"所指要远一些。例如：

[1] 我身上穿的这个褂子可是比搁了沙发上乜个贵的贵来。（我身上穿的这件上衣可是比放在沙发上那个贵得多呢。）
[2] 俺不想吃乜样的桃酥，俺想吃那样的。（我不想吃这样的桃酥，我想吃那样的。）
[3] 是这个啊，乜个啊，还是那个啊？（是这个呢，那个呢，还是那个？）

这三个词最常见的用法是与量词或数量词结合后再修饰名词。例如：

［1］这棵牡丹白搭了，那棵芍药还活了。（这棵牡丹不行了，那棵芍药还活着。）
［2］你先把这几个碗刷了，乜一堆盘搁那来等着我刷。（你先把这几个碗洗了，那一堆盘子放那里等着我来洗。）
［3］那仨人情站那来不走。（那三个人一直站在那里不走。）
［4］你把这俩馍馍吃了呗。（你把这两个馒头吃了吧。）

其次是直接限制方位词或方位结构。例如：

［1］别站了乜顶儿上。（别站在那上面。）
［2］这里头没有，看看那底下。（这里面没有，看看那下面。）
［3］那上头都是灰。（那上面全是灰尘。）

"这""乜""那"还可以像普通话一样直接修饰普通名词，如"这人""乜小孩""那电视"。

关于"乜"的性质，过去被认为是"中指"。如日本学者小川环树（1981）提到，松下大三郎《标准汉文法》中说："近时（中国）俗语已无中称，唯山东省之一部有'乜个'一词。'乜'系俗字，是中称代词。"这是学界首次提到山东方言中的指示代词"乜"，并指为"中称代词"（即一般所说的与近指、远指相对的"中指"代词）。不过并没有具体说是山东省的哪"一部"。

此后，《中国语文》先后发表津化（1988）和张树铮（1989）的文章，报道山东省惠民地区（今滨州市）、东营市所属各县市和属潍坊地区的寿光都有这个"中称"的指示代词"乜"。

但"这""乜""那"并非三足鼎立的局面，它们是不严格的三分。因为"乜"与"那"在许多情况下是可以换用的，两者的所谓"对立"不能与它们和"这"的对立相提并论。"乜"与"那"在意义上并没有明显的差异，只是在两者对举的时候才有分别。中指、远指之说显然不能很好地说明"乜"与"那"这种一致性与区别性相交织的特点。

另外，"乜""那"使用的一个特点是，在使用场合上，"乜"与"那"也有不同。日常生活的口语中多用"乜"，而在比较正式的交际场合如教学、与外地人交谈或是写作时一般用"那"而尽量避免用"乜"。这也不是用中指、远指二分说能很好说明的。

吕叔湘（1990）在比较了汉语方言中几种指示代词三分的情况之后，对方言中指示代词的所谓"三分"表示了怀疑。结合山东方言中的情况来看，吕先生的意见是应当值得重视的。

张树铮（2004）考察了"乜"在山东方言中的分布情况及其使用特点，提出了新的看法。张树铮认为，应该改变对鲁中地区指示代词特点的看法。鲁中地区的指示代词仍然应看成二分的格局，"乜"与"那"都应当看作远指，两者的区别在于一为"弱式"一为"强式"。所谓"强""弱"，主要包含两个方面的含义：

一是强式表达的语气更重，弱式相反。如果没有对立，则无所谓"强""弱"，所以用"乜"用"那"均可（实际上是更多用"乜"）；在有对立的时候，由于远指时自然是更远处的语气更重，所以更远处用"那"，而较近的远处用"乜"。

二是"那"是共同语，"乜"是方言，所以在语言地位、使用场合、发展趋势几方面都是"那"强"乜"弱。从使用场合来看，口语中多用"乜"，而较正式的交际场合如教学、与外地人交谈或书面语中一般用"那"；从发展趋势看，随着普通话的影响越来越大，"乜"的使用也在逐渐萎缩。

因此，用"乜""那"同为远指，但有"弱式""强式"之别的说法，能够更好地描述两者的使用特点。

张先生的看法可以表示为下表：

近指	远指	
这	弱式	乜
	强式	那

关于"乜"的来源，张先生参考指示代词"那"来源的已有研究成果，认为"乜"不是"那"的弱化形式，而是古代汉语中"尔"（或"若"）的继承。"乜"的音韵地位与古代的"若"或"尔"相当，它应当与"那"一样，都是"若"或"尔"的继承，而它比"那"更多地保留了"若"或"尔"的语音特点，"乜"与"那"是同源异流的关系。两者的差异是通语与方言词交汇之后功能再分配的结果。

山东方言现在有"乜"的地区中，本来是"这""乜"（来自"尔"或"若"）两分的格局，这种格局仍然基本保留在东部地区（胶辽官话由于僻处半岛，所以在语音和词汇方面保留更多的古语成分，这是很自然的现象）。但其西部地区，受到通语的强大影响，吸收了同源异流的指示代词"那"，"那"与"乜"同处一个系统之中，由此发生功能上的再分配："那"挟通语的强势地位，成为远指中的"强式"，而"乜"则成为远指中的"弱式"，不过后者在口语中更为常见，成了指示代词中的方言底层形式。

张先生的分析与沂水方言的情况是一致的。我们认同张先生的观点，张先生的研究结果对我们认识沂水及山东各地的"乜"有极大的启发。

2. 称代

"这""乜""那"不仅用于指别，还用于称代，在句子里能单独作主、宾语。例如：

［1］这□［mã⁰］，还差不离儿。（这嘛，还差不多。）
［2］那可不行□［hã⁰］。（那可不行。）
［3］这是我的，乜是你的，那是他的。（这是我的，那是你的，那是他的。）
［4］今冬来俺姥娘没这没那的。（今年冬天我姥姥没这样那样的。意即没生病。）
［5］这也没有，那也没有，怎么叫人家来住啊？（这也没有，那也没有，怎么叫别人来住啊？）
［6］待那旁儿缺这少那，俺就回来了。（在那边缺这少那，我们就回来了。）

3. "这"和"那"的特殊用法

（1）"这"可以作时间名词，义为"现在"。例如：

［1］这去还能坐上车。（现在去还能坐上车。）
［2］这吃饭还张早点儿。（现在吃饭还早了点儿。）
［3］这结婚都兴买液晶电视。（现在结婚都流行买液晶电视。）
［4］早以来时那生活多么苦啊，这那生活没法比。（以前的生活多么苦啊，现在的生活和以前没法比。）

（2）"那"的特殊用法。
①"那"用作结构助词。
指示代词"那"用作结构助词，在下列情形中使用：
a. 领有者和所属事物之间。例如：

［1］我那书包不见了。（我的书包不见了。）
［2］俺那天井来种了两棵芙蓉花。（我们的院子里种了两棵合欢树。）
［3］你快把恁妹妹那笔还给她。（你快把你妹妹的笔还给她。）
［4］他那镢头还待这来，快给送去。（他的镢头还在这里，快给他送去。）
［5］你那脚扎车喃？借给我使使来。（你的自行车呢？借给我用用。）

b. 物体整体与部分之间。例如:

［1］他奶奶那眼这都看不着了。(他奶奶的眼睛现在都看不见了。)

［2］暖袋上那［tʂuei⁵⁵］子喃?(热水袋上的塞子呢?)

［3］你给我钉钉褂子上那扣子。(你给我钉一钉上衣上的扣子。)

［4］这么儿外头那皮儿也好吃,甭剥去。(这东西外面的皮也好吃,不用剥去。)

［5］天上那星星你也想要!(天上的星星你也想要!)

c. 物体所处位置、容器等与物体之间。例如:

［1］墙上那奖状是谁的?(墙上的奖状是谁的?)

［2］家前那屋是给俺大儿盖的。(村前的房子是给我大儿子盖的。)

［3］瓮来那水不多了。(瓮里的水不多了。)

［4］到布雨市,河涯来那水都浮沿儿浮沿儿的。(到夏季经常下大雨的时节,河里的水都涨到岸边。)

［5］树黄子来那树,这都不叫砍了。(树林里的树,现在都不让砍了。)

有时,以上情况也可以用"的",但如果不是为了特别强调其领属关系都要用"那"。

指示代词在一定的句法环境中虚化为结构助词,在近代汉语中就存在,例如"之""底"原来都曾是指示代词,后来都虚化为结构助词。在现代汉语方言中也大量存在,如临沂、平邑、费县、苍山、郯城、蒙阴、沂南、浚县等。正如石毓智(2002)所说"指示代词和量词在一定句法环境中虚化为结构助词是语言发展的普遍共性"。

我们认为,上述用法中的指示代词"那"还没有完全虚化为结构助词,上述用作结构助词的用法应看作是一种临时的语用义,"那"还有较明显的指代含义。当然,"那"在这些句法环境中长期使用,也不排除它完全虚化为结构助词的可能。

②"那"还可以单用,用在答句中表示"那当然""那还用说""此种情况是不容置疑的",表示强烈的确定,感情色彩很鲜明,视语境可以表达赞扬、羡慕、不屑一顾或讽刺等感情。男性青少年多用。"那"后面的后续句一般是评论性的句子。若有后续句,"那"后面要断开。"那"也可以不加后续句,完全单独使用,这时"那"的语气更加强烈。例如:

［1］A:他就是怪有本事,把小舅子弄了卫生局去了。(他就是很有本事,把小舅子弄到卫生局工作去了。)

　　B：那，人家是什么人啊。（那当然，人家是什么人啊。）

[2] A：没神思的你还考上了来。（没想到你还考上了呢。）

　　B：那，咱来。（那当然，咱嘛。）

[3] A：你说不干就不干□［mã⁰］？（你说不干就不干吗？）

　　B：那。（那当然。）

上述用法中的"那"一定要重读，且与后续句断开。

（二）这个［tsə⁴²kə⁰］、乜个［niə⁴²kə⁰］、那个［nə/na⁴²kə⁰］

这三个词里的"这""乜""那"声调皆读为阳平，不用于指别，只用于称代，相当于"这个/乜个/那个人、事或物"。"这个""乜个""那个"后面还可以加"家"或"家子"，表示"这一类的人、事、物"，带有轻微厌恶、鄙视或不高兴等感情色彩。在句中常作主、宾语，或复指前面的词语甚至分句。作主、宾语的如：

[1] 这个不盖咱是的。（这个事情与我们没有关系。）

[2] 你就穿着这个出去啊？［你就穿着这种（衣服）出去吗？］

[3] 乜个要弄衣裳上就洗不去了。（这种东西要是弄到衣服上就洗不掉了。）

[4] 你买些乜个咋？（你买这东西干什么？）

[5] 那个一看就是假的。（那种东西一看就是假的。）

[6] 你那回儿拿家来的那个就叫 DV 啊？（你那次拿回家的那种东西就叫 DV 吗？）

[7] 嘴上抹上那个家，还能吃饭啊？（嘴上抹上那种东西，还能吃饭吗？）

[8] 这个家子情甭指望。（这种人尽管不用指望。）

[9] 我不管乜个家子，该吃吃，该喝喝。（我不管那些，该吃就吃，该喝就喝。）

[10] A：广东人什么都敢吃，连长虫都敢吃。（广东人什么都敢吃，连蛇都敢吃。）

　　 B：俺那娘货子神，这个家子都敢吃！（我的娘啊，这种东西都敢吃！）

复指的例子如：

[1] 他这个家子还能指望？（他这种人还能指望？）

[2] 恁表姨夫乜个家就是精过了杠儿。（你表姨夫这种人就是精明过了头。）

[3] 他乜个家子，你就别和他一般见识了。（他这种人，你就别和他计较了。）

[4] 你说的小孩小时他都没管，不给钱，照着你也不好，那个家子都过去了，别寻思一些了，为了孩子，往前看。（你说的孩子小时候他都没管，不给钱，对你也不好，这些事情都过去了，别想太多了，为了孩子往前看。）

"这个""乜个""那个"中的"个"完全没有量词的意义，只是一个构词词缀，这三个词的构造也并非"指+量"，沂水方言还可以另用"指+量+名"来表示相当于这三个词的意思，例如说成"这户儿么儿这种东西""这户儿玩意儿这种东西""乜哄儿事儿那种事""那种营生儿（东西）那种东西""这总人儿这种人"，但这些都是临时的组合，其间的名词或用"么儿"，或用"事儿"，或用"人儿"，须因具体事物而异。由此说明，"这个""乜个""那个"是三个专职的指类代词。

（三）旁［pʰɑŋ⁴²］

既用于指别又用于称代，指代某一（某些）人或事物之外的人或事物。

［1］就刚剩下馍馍，没旁的了啊？（就只剩下馒头，没别的了吗？）

［2］这把刀不好使一点，还有旁的吗？（这把刀一点儿都不好用，还有别的吗？）

［3］朝天家除了打牌儿没旁事儿。（天天除了打牌没别的事儿。）

［4］你旁没的说了□［hã⁰］？（你没别的说了吗？）

［5］旁没事咱就回去呗。（没别的事咱们就回去吧。）

［6］家来就刚俺奶奶，旁没人。（家里就只有我奶奶，没别的人。）

（四）旁么儿［pʰɑŋ⁴² mər⁴²］

意义为"别的东西"，只用于称代不用于指别，称代某个（某些）事物之外其他类别的事物。所称代的事物和已知的某一事物同一大类而不同小类。在句中常作主、宾语。例如：

［1］旁么儿我不要，就问你要副坠子。（别的东西我不要，就问你要副耳环。）

［2］这个么儿不能使，还有旁么儿吗？（这个东西不能用，还有别的东西吗？）

［3］饭还没中，你先吃点旁么儿。（饭还没熟，你先吃点别的东西。）

二、处所指示代词

1. 近指：这来［tsə³¹ lɛ⁰］、这窝儿［tsə³¹ uər²¹³］、这哈儿［tsə³¹ hər²¹³］、这埝儿［tsə³¹ niãr⁰］

远指：乜来［niə³¹ lɛ⁰］、乜窝儿［niə³¹ uər²¹³］、乜哈儿［niə³¹ hər²¹³］、乜埝儿［niə³¹ niãr⁰］

远指：那来［nə³¹/na³¹ lɛ⁰］、那窝儿［nə³¹/na³¹ uər²¹³］、那哈儿［nə³¹/na³¹ hər²¹³］、那埝儿［nə³¹/na³¹ niãr⁰］

意义和普通话的"这里""那里"基本相同，在句中常作主语、宾语和介词的宾语。例如：

[1] 这窝儿痒痒，你给我㧟㧟□［pɛ⁰］。（这里痒痒，你给我挠挠吧。）
[2] 俺待乜埝儿等你。（我们在这里等你。）
[3] 我上那哈儿看看。（我去那边看看。）
[4] 我打那窝儿过来的。（我从那边过来的。）
[5] 这哈儿没有，你上远处去撒么撒么。（这里没有，你去远点的地方瞅瞅。）
[6] 那埝儿好是好，就是岗着热。（那个地方好是好，就是非常热。）
[7] 大芦花鸡刚忙儿还待乜窝儿来来。（大芦花鸡刚才还在那个地方来着。）
[8] 这埝儿太热，咱上那棵槐树底下凉快去。（这里太热，我们去那棵槐树底下凉快去。）

以上是用处所指示代词直接指代处所。有时它们不直接指代，而是用于照应，放在非处所词的后头，与前面的词一起表示处所。例如：

[1] 小孩儿待他姥娘那来。（小孩在他外婆那里。）
[2] 俺婆婆家这来吃水怪方便。（我婆婆家用水很方便。）
[3] 小王儿乜来还有不少卷子纸。（小王那里还有不少试卷。）

2. 旁埝儿［pʰɑŋ⁴²niãr⁰］、旁埝儿来［pʰɑŋ⁴²niãr⁰lɛ⁰］、旁处［pʰɑŋ⁴²tsʰu⁰］

这三个词意义和用法相同，都指代某一（某些）处所之外的其他处所，意义为"别的地方"。在句中可单独作主语、宾语和介词的宾语。例如：

[1] 乜样儿的杏树旁埝儿来都没有，就俺这来有。（这样的杏树别的地方都没有，就我们这里有。）
[2] 乜小孩再上不了旁处去，保险又上他姥娘家去了。（这个小孩再也去不了其他地方，肯定又去他外婆家了。）
[3] 你上旁埝儿来问问。（你去其他地方问问。）
[4] 这埝儿太聒噪了，还有旁埝儿坐吧？（这个地方太吵了，还有没有其他地方坐？）
[5] 这糖是俺待旁处买的，不是恁的。（这糖是我们在其他地方买的，不是你们的。）
[6] 不叫从这来过，你从旁埝儿来走不就是。（不让从这里过，你从其他地方走不就是了。）

3. 到处来 [tɔ³¹tsʰu³¹lɛ⁰]、到处地来 [tɔ³¹tsʰu³¹ti³¹lɛ⁰]、要处来 [iɔ³¹tsʰu³¹lɛ⁰] 指代所有的处所。主要用来修饰动词性成分，有时也作主语，例如：

[1] 你别叫小狗到处地来拉屎。（你别让小狗到处拉屎。）

[2] 要处来找不着人。（到处找不着人。）

[3] 浑身到处来发乔。（浑身到处都酸。）

[4] 到处地来是树叶子。（到处是树叶。）

[5] 到了春上，这山上到处来是花，享好看。（到了春天，这山上到处是花，非常好看。）

[6] 你看看你这个不板整儿，吃个饭离刘子拉撒，到处来都是。（你看看你这个不整洁，吃个饭到处洒，东西到处都是。）

三、时间指示代词

近指：这会子 [tsə³¹hui³¹tθɤ⁰]、这阵子/这阵儿 [tsə³¹tsɜ̃³¹tθɤ⁰] / [tsə³¹tsɜ̃r³¹]、这盼子/这盼儿 [tsə³¹pʰã³¹tθɤ⁰] / [tsə³¹pʰãr³¹]、这霎儿 [tsə³¹ʂar⁰]

远指：乜会子 [niə³¹hui³¹tθɤ⁰]、乜阵子/乜阵儿 [niə³¹tsɜ̃³¹tθɤ⁰] / [niə³¹tsɜ̃r³¹]、乜盼子/乜盼儿 [niə³¹pʰã³¹tθɤ⁰] / [niə³¹pʰãr³¹]、乜霎儿 [niə³¹ʂar⁰]

远指：那会子 [nə/na³¹hui³¹tθɤ⁰]、那阵子/那阵儿 [nə/na³¹tsɜ̃³¹tθɤ⁰] / [nə/na³¹tsɜ̃r³¹]、那盼子/那盼儿 [nə/na³¹pʰã³¹tθɤ⁰] / [nə/na³¹pʰãr³¹]、那霎儿 [nə/na³¹ʂar⁰]

"这会子，这阵子/这阵儿，这盼子/这盼儿，这霎儿"指代较近的时间，"乜会子，乜阵子/乜阵儿，乜盼子/乜盼儿，乜霎儿"和"那会子，那阵子/那阵儿，那盼子/那盼儿，那霎儿"指代较远的时间。"会子"指较长的段时间，"阵子/阵儿、盼子/盼儿"指较短的段时间，"霎儿"指点时间。以上时间指示代词最常见的用法是单独放在句首或在谓语前作时间状语。例如：

[1] 那会子他天天来，这会子不来了。（那段时间他天天来，这段时间不来了。）

[2] 他那阵子住了十好几天医院。（他那段时间住了十好几天医院。）

[3] 那盼子我还看着他来。（那会儿我还看见他来着。）

[4] 他这霎儿还没下班。（他这会儿还没下班。）

[5] 那盼儿疼的怪厉害，这盼儿轻了。（那会儿疼得很厉害，这会儿轻了。）

[6] 刚忙儿起了个大疙瘩，这阵子消了。（刚才起了个大疙瘩，这会儿消了。）

其次是作介词的宾语，例如：

[1] 打那盼子我就情看表。（从那会儿我就一直看表。）

[2] 他从那会子到这就一直没走。（他从那段时间到现在就一直没走。）

[3] 雪打那霎儿开始下，一直没停。（雪从那会儿开始下，一直没停。）

修饰名词性成分时后面需加结构助词"那"。例如：

[1] 这会子那肉一天比一天贵。（最近的肉一天比一天贵。）

[2] 那霎儿那天还争晴来。（那会儿的天还很晴来着。）

[3] 那阵子那雨怪大。（那会儿的雨很大。）

四、方式、情状指示代词

1. 这样儿［ tsə^{31} ʒɑŋr^{0} ］、乜样儿［ niə^{31} ʒɑŋr^{0} ］、那样儿［ nə／na^{31} ʒɑŋr^{0} ］

与普通话的"这样""那样"相比，在读音方面，沂水话的这三个词必须儿化，在意义、用法方面，它们比普通话要窄：普通话的这两个词可以指代程度，可以用于形容词之前，沂水话的这三个词都不可以。它们的主要功能是修饰动词性成分或作谓语。修饰动词性成分的时候指代方式和情状，指代方式时"这样儿""乜样儿""那样儿"后面可以加"着"，指代情状时则不能加。例如：

[1] 刀要这样儿（着）拿。（刀要这样拿。）

[2] 乜样儿（着）铰，铰出来那花儿好看。（这样剪，剪出来的花好看。）

[3] 恁嫂厮那样儿说来？（你嫂子那样说了吗？）

作谓语多用于描写说明，指代的是情状。例如：

[1] 这屋这样儿还能住啊？（房子这样还能住吗？）

[2] 你怎么乜样儿！（你怎么这样！）

[3] 你要那样儿俺就不叫你去了。（你要那样我们就不让你去了。）

这三个词还可以作主、宾语，多指代情状。若加"着"，则指代方式。例如：

［1］这样儿就对了。（这样就对了。）

［2］我还当是那样儿着来。（我还以为是那样做呢。）

［3］乜样儿还差不离。（这样还差不多。）

［4］他就好那样儿。（他就喜欢那样。）

"这样儿""乜样儿""那样儿"不能直接修饰名词性成分，若要修饰，须带上结构助词"的"。这里的"这样儿""乜样儿""那样儿"还可以说成"这户儿/哄儿/总样儿""乜户儿/哄儿/总样儿""那户儿/哄儿/总样儿"。"这户儿/哄儿""乜户儿/哄儿""那户儿/哄儿"能直接修饰名词性成分，结构助词"的"可带可不带。例如：

［1］这样儿的鞋穿着得劲儿□［mã⁰］？（这样的鞋穿着舒服吗？）

［2］你怎么买了个乜样儿的了壶？（你怎么买了个这样的烧水壶？）

［3］那样儿的苹果不好吃。（那样的苹果不好吃。）

［4］这户儿手机咱不会使。（这样的手机我不会用。）

［5］小二二就是乜户儿小孩儿，大大就好了，小就得费点儿心。（小二二就是这样的孩子，长大一点儿就好了，小的时候就得费点儿心。）

［6］有个书包背着就行了，这总样儿的，那总样儿的，没治了！（有个书包背着就行了，想要这样儿的，还想要那样儿的，不知道怎么好了！）

2. 张［tsaŋ²¹³］、□［niaŋ²¹³］、嚷儿［naŋr²¹³］

这三个词分别是"这样儿""乜样儿""那样儿"的合音词，"张""□［niaŋ²¹³］"不儿化，"嚷儿"要儿化。它们与"这样儿""乜样儿""那样儿"的用法基本相同。上述例子全部可以换成"张""□［niaŋ²¹³］""嚷儿"。

［1］刀要张（着）拿。（刀要这样拿。）

［2］□［niaŋ²¹³］（着）铰，铰出来那花儿好看。（这样剪，剪出来的花好看。）

［3］恁嫂厮嚷儿说来？（你嫂子那样说了吗？）

［4］这屋张还能住啊？（房子这样还能住吗？）

［5］你怎么□［niaŋ²¹³］！（你怎么这样！）

［6］你要嚷儿俺就不叫你去了。（你要那样我们就不让你去了。）

［7］张就对了。（这样就对了。）

［8］我还当是嚷儿着来。（我还以为是那样做呢。）

［9］□［niaŋ²¹³］还差不离。（那还差不多。）

［10］他就好嚷儿。（他就喜欢那样。）

“张、□〔niɑŋ²¹³〕、嚷儿”与“这样儿”“乜样儿”“那样儿”的不同在于它们不能加“的”来修饰名词性成分。例如，以下例句是成立的：

［1］这样儿的西瓜好吃。（这样的西瓜好吃。）
［2］那样儿的人不能交。（那样的人不能交。）

以下句子则不成立：

* ［1］张的西瓜好吃。
* ［2］嚷儿的人不能交。

3. 怎（去声）么〔tθəŋ³¹mə⁰〕/□么〔nəŋ³¹mə⁰〕

沂水方言中，修饰形容词的指示代词用“怎么〔tθəŋ³¹mə⁰〕”或“□么〔nəŋ³¹mə⁰〕”。例如：

［1］怎么好的盒盒别拽了。（这么好的盒子别扔了。）
［2］他怎么胀包，还听人话啊？（他那么自以为是，还能听别人的话吗？）
［3］□〔nəŋ³¹〕么热，怎么吃啊？（这么热，怎么吃啊？）
［4］几年没见，各人那小孩儿都怎么大了。（几年没见，各人的孩子都这么大了。）
［5］怎么大小了还叫恁奶奶搂着。（这么大了晚上睡觉还让你奶奶陪睡。）

五、程度指示代词

1. 怎（去声）么〔tθəŋ³¹mə⁰〕

沂水县城方言里，程度指示代词只有一个词，不分远近，用于修饰形容词性成分或心理活动动词，指代程度，相当于普通话的“这么”“那么”。例如：

［1］这个包怎么沉，我拿不动。（这个包这么沉，我拿不动。）
［2］他奶奶怎么疼他，他都没回来看看他奶奶。（他奶奶那么疼他，他都没回来看看他奶奶。）

“怎么”还可以修饰“时候”，有两种意思：一是表示“这个时间、这个时候”，例如：

[1] 怎么时候去正好。（这个时候去正好。）

[2] 这那天暖和了，早以来怎么时候早就下雪了。（现在的天暖和了，以前这个时候早就下雪了。）

二是表示"时间这么晚、时间那么晚"。例如：

[1] 怎么时候恁还没吃饭啊？（这个时候这么晚了你们还没吃饭啊？）

[2] 我一等等到怎么时候，他才来。（我一等等到那么晚他才来。）

2. 怎（阳平）么 [tθəŋ⁴²mə⁰]

"怎"读阳平，用在反问句或感叹句里，意思为"怎么这样"，表示程度很高。例如：

[1] 你怎么□ [kʰəu⁴²] 啊？（你怎么这么凶啊？）

[2] 这个小孩儿怎么孬啊！（这个小孩怎么这么坏啊！）

[3] 磊磊怎么高啊！（磊磊怎么这么高啊！）

[4] 一个小妮子家，怎么□ [θuə⁴²] 恁！（一个女孩子家，怎么这么调皮呢！）

3. 这们 [tsə³¹mə̃⁰]、那们 [na³¹mə̃⁰]

高庄镇的程度指示代词除了和县城地区一样用"怎么"以外，还用"这们""那们"，分别表示"这么""那么"。这两个词与"怎么"的用法完全一样，也用于修饰形容词性成分或心理活动动词，指代程度。例如：

[1] 二子这们矮，当兵人家不要。（二小子这么矮，当兵人家不要。）

[2] 他家来那们穷，满钱叫他上学。（他家里那么穷，不会有钱让他上学。）

[3] 你说的这们可怜就进来□ [pɛ⁰]。（你说得这么可怜就进来吧。）

[4] 他家那们远，我不戏去。（他家那么远，我不愿意去。）

也可以修饰"时候"，且有两种意思。例如：

[1] 这们时候还没来，佯就不来了。（这么晚还没来，也许就不来了。）

[2] 俺那儿媳妇子会享福啊，天天□ [tɕʰiə²¹³] 到那们时候才起来。（我们儿媳妇会享福，天天躺到那么晚才起床。）

第三节　疑问代词

沂水方言的疑问代词与普通话差别不大，本节从简介绍。

一、问人或事物的疑问代词

1. 哪［na⁵⁵］

与普通话的"哪"意义、用法相同，问人或事物，要求指别某一或某些个体。例如：

[1] 哪一个是李老师？（哪一个是李老师？）
[2] 恁哪一个人要去解手儿？（你们中哪一个人要去上厕所？）
[3] 他是哪一年生人的？（他是哪一年出生的？）
[4] 先烧哪一堆炭啊？（先烧哪一堆煤炭啊？）

2. 谁［ʐei⁴²］/［ɕei⁴²］

问人，要求指别个体。与普通话的"谁"用法相同。县城有部分人读音为"［ɕei⁴²］"。例如：

[1] 谁使我那钢笔来？（谁用我的钢笔来着？）
[2] 那个穿红褂子的是谁？（那个穿红上衣的是谁？）
[3] 这是谁的原子笔？（这是谁的圆珠笔？）
[4] 管使谁的都一样。（不管用谁的都一样。）

3. 什么［səŋ⁴²mə⁰］

要求指别人或事物的类。例如：

[1] 这是什么么儿？（这是什么东西？）
[2] 他是主任的什么人，亲亲□［ma⁰］？（他是主任的什么人，亲戚吗？）
[3] 什么花儿啊，怎么香？（什么花这么香？）
[4] 这户儿病得吃什么药啊？（这种病得吃什么药？）

57

二、问处所的疑问代词

哪来 [na⁵⁵lɛ⁰] ／哪窝儿 [na⁵⁵uər⁰] ／哪哈儿 [na⁵⁵har⁰] ／哪埝儿 [na⁵⁵niãr⁰]

"来"是"里"的弱化读音，"哪来"即是"哪里"，问处所。例如：

[1] 你待哪来打的电话？（你在哪里打的电话？）
[2] 哪窝儿有卖中药的？（哪里有卖中药的？）
[3] 这是哪哈儿？（这是哪里？）
[4] 恁姥娘家的宅子待哪埝儿？（你姥姥家的房子在哪里？）

三、问时间的疑问代词

什么时候 [sən⁴²mə⁰ ʂʅ⁴²həu⁰] ／几时 [tɕi⁵⁵ʂə⁰] ／几儿 [tɕir⁵⁵]

这三个词语意思大致一样，都是"什么时候"的意思，用来问时间，其中"什么时候"与"几时"既可问哪一天也可问哪一时，"几儿"只能问哪一天。例如：

[1] 咱什么时候走？（我们什么时候走？）
[2] 你几时来的？（你什么时候来的？）
[3] 我几时这样儿说来？（我什么时候这样说过？）
[4] 小二到几儿结婚啊？（小二什么时候结婚啊？）

四、问方式、原因的疑问代词

怎（上声）么 [tθəŋ⁵⁵mə⁰]

与普通话的"怎么"用法相同，主要作状语，询问方式和原因，例如：

[1] 恁上城怎么去啊？（你们进城怎么去啊？）
[2] 怎么对他说好□ [nã⁰]？（怎么和他说好呢？）
[3] 他怎么还没来啊？（他怎么还没来啊？）
[4] 怎么就他不去？（为什么就他不去？）

与普通话"怎么"用法不同的是：
第一，沂水方言的"怎么"加"的"可以作动词和谓语，义为"怎么弄/搞的"，用来询问事态。例如：

这是怎么的？（这是怎么搞的？）

第二，沂水方言的"怎么"还有作动词的用法，义为"怎么对待"。例如：

[1] 他怎么你来？（他怎么对待你来着？）
[2] 你怎么恁妹妹来？（你怎么对待你妹妹来着？）
[3] 我能怎么他？（我能对他怎么样？）

五、问程度的疑问代词

多么 ［tuə⁴²mə⁰］

沂水方言问程度的疑问代词"多么"中的"多"声调读为阳平。用法与普通话"多"的用法相同，用在形容词或心理活动动词之前，询问程度。例如：

[1] 他对你多么好啊？（他对你有多好啊？）
[2] 多么冷啊，就穿上袄了？（多冷啊，就穿上棉袄了？）
[3] 还能多么疼啊，就龇牙咧嘴的？（还能多疼啊，就龇牙咧嘴的？）

六、问数量的疑问代词

几 ［tɕi⁵⁵］ /多少 ［tuə⁴²sɔ⁰］

"几/多少"用法与普通话基本相同，询问数量。其中，"多少"中的"多"声调读为阳平。例如：

[1] 你待北京待了几年了？（你在北京待了几年了？）
[2] 煎饼买几斤？（煎饼买几斤？）
[3] 宝宝几生日了？（宝宝几周岁了？）
[4] 恁今年喂了多少个小鸡儿啊？（你今年喂了多少只小鸡啊？）
[5] 这回儿长病花了多少钱啊？（这次生病花了多少钱啊？）

"多么"除了问程度，兼问数量。例如：

［1］那个水库有多么深啊？（那个水库有多深啊？）

［2］他买那房子是多么大的？（他买的房子是多大的？）

［3］龙龙多么高了？（龙龙有多高了？）

［4］他爷爷多么大年纪了？（他爷爷多大岁数了？）

小　结

沂水方言的代词有以下特点：

（1）代词是一个词语数目为数不多的封闭性小系统。与所有的系统一样，代词整个体系具有系统性与不平衡性二者辩证统一的特点。系统性的表现有：三身代词的声调类化、指处所的指示代词与询问处所的疑问代词的相配关系等。不平衡性的表现有：指时间的指示代词与询问时间的疑问代词不相配，方式、情状指示代词分远近，程度指示代词则不分等。

（2）人称代词有时超出其本来的意义，发生人称或数上的变化，同时产生某种语用意义，这种现象在汉语方言或汉语史中非常普遍，沂水方言也不例外。例如"俺"用作单数表"自倨"，"恁"用作单数表"疏远"。如领格代词用复数代单数，在近代汉语中即有常例且有文化上的背景等。这些语言现象在普通话中已不存在，在许多方言包括沂水方言中却沿用至今。

（3）"这、乜、那"不是三分的指示代词，而是二分，"乜"与"那"都应当看作远指，两者的区别在于一为"弱式"一为"强式"。所谓"强""弱"，主要包含两个方面的含义：①强式表达的语气更重，弱式相反。②"那"是共同语，"乜"是方言。

"乜"是古代汉语中"尔"（或"若"）的继承，它比"那"更多地保留了"若"或"尔"的语音特点，"乜"与"那"是同源异流的关系。两者的差异是通语与方言词交汇之后功能再分配的结果。

第四章　副词特点

　　副词是起修饰作用或限制作用的虚词。一般附加在形容词、动词或其他谓词性成分之前，有时也附加在整个句子之前，用来说明动作行为或性质状态在程度、时间、频率、范围、情状、语气、肯定否定等方面的情况，有些副词在复句中还可以起一定的连接作用。副词在句中的语法功能一般是作状语，少数几个词可以作补语。沂水方言中的副词是一个半开放的类。除少数几个词以外，绝大多数副词是黏着的，不能单独成句。

　　与普通话相比，沂水方言的副词大概有四类：一类与普通话在意义和用法上完全相同，例如"真、最、先、都、全、从来、才、再、也、更、反正、一直"等；一类是形式或意义与普通话基本相同，但在形式、意义或用法方面有或多或少的差异，如"太、临时、直接"等；一类是普通话中有而沂水话中没有的，如"很、挺、非常、十分、极、特别、经常、老、往往、永远、偶尔、马上、突然、忽然、一向、曾经、已经、大概、也许、未免、并、究竟、甚至、毕竟、难道"等；一类是普通话没有沂水话独有的，如"岗着、享、大配、正好的、三六九来、逢一不二、几子、敢子、弄了半年、爽、情、当不、满的、一子、行许、佯、佯巧了、瞒不上的、脱不了、眊不了、备不住、各自、何用、没里、封其外"等。

　　就沂水方言副词自身的分类来说，根据各个副词所表示的语法意义，我们将其分为六大类，分别为：程度副词、时间频率副词、范围副词、情状副词、语气副词和否定禁止副词。本章将同一小类的词分为 A、B 两组，A 组形式、意义和用法与普通话相同，不作解释；B 组是沂水方言中特有的词以及或形式或意义或用法与普通话相似但或多或少有差异的词。本章将主要对 B 组词进行分析和描写。

　　沂水方言的副词系统见下表：

	A	真、有点儿、更、最、格外
程度副词	B	前附加式：太、怪、岗、着着、享、乔、祖、着（西乡说）、其（东北乡说）、极（东北乡说）、张、好、差一忽忽、差一精点儿、眼看、眼看的、越
		后附加式：杀

（续上表）

时间频率副词	A	正、先、后、一、一直、从来、才、早就、再、又、快		
	B	表时间	刚、乍、大配、赶自、随赶自、营道、紧忙儿、情$_1$	
		表频率	表频率高	光$_1$、光好的、朝天（家）、三不动儿的、三六九儿来、动复儿、连二百三、复连
			表频率低	碰其晚儿、碰而不遇、逢一不二、朝年扯辈子、时来站往、轻引、管几儿、管几时
			频率无关高低	捞着回儿、眼回儿
范围副词	A	都、全、全都、也、又、一共		
	B	光$_2$、一共言、一总来、共言、总来、加么言共、计总、全合罗儿、封其外、各自		
情状副词	A	好歹、胡乱、胡、瞎、白、白白、一块儿、照样儿、快、亲口、亲手、亲眼、从头儿、满心、一心、一手儿、随手		
	B	好上、好其拉歹、聚、就付（着）/付就（着）、出心、得为、正好的、猛个（古）定的、猛的下、一子、麻利（的）、快利（的）、爽、江么声的、慢儿慢儿（的）、瞪眼儿看着、瞪眼儿听着、伙着、板争儿的、像模当样儿的、一盼儿、大约摸儿		
语气副词	A	非、非得、当然、实在、真、都、才、就、可、也、反正、明明、千万、最好、硬、简直、干脆		
	B	陈述语气：高低儿、贵贱、天生、自来、殊不知、弄（了）半年、瞒不上的、瞒上不的、好容、直接、正格的、满（的）、敢子、情$_2$		
		疑问语气：何用、没里、还能的		
		揣测语气：不一就、眊不了、当不住、碍不着、情是、大是、管么、佯、佯巧（了）、保险		
否定禁止副词	否定副词：没、没家、不			
	禁止副词：甭、甭家、别			

第一节　程度副词

A 组

真、有点儿、更、最、格外

B 组

太、怪、岗、岗着、享、乔、祖、着（西乡说）、其（东北乡说）、极（东北乡说）、张、好、差一忽忽、差一精点儿、眼看、眼看的、越、杀

1. 太［$t^h\varepsilon^{213}$］

主要用在形容词、助动词和动词短语之前，表示程度很高，多用于表达不满意的事情。例如：

［1］这个小孩儿太强梁。（这个小孩太霸道。）
［2］南方夏天太热，咱待不住。（南方夏天太热，咱待不下去。）
［3］乜个人儿太做作。（这个人太造作虚伪。）
［4］太惯小孩儿不行。（太溺爱小孩不行。）
［5］小张儿太能吃了。（小张太能吃了。）
［6］识字班个子高点儿好，太高喃，也不好。（姑娘家个子高点儿好，太高呢，也不好。）
［7］小青年儿排场是排场，就是太脑偏。（小伙子漂亮是漂亮，就是太脑腆。）

沂水方言中的"太"与普通话的"太"意义基本相同，在语音与用法方面有如下两点差异：
（1）普通话的"太"读去声，沂水方言的"太"读为阴平。
（2）普通话的"太"可以用于赞叹，如"太好了""太能干了""太会说话了"等，沂水方言的"太"无此用法。

2. 怪［$ku\varepsilon^{31}$］

用在形容词、助动词或动词短语前表示程度高。例如：

［1］今们儿怪凉快。（今天很凉快。）
［2］小波使么儿怪关节。（小波用东西很爱惜。）
［3］我试着怪不得劲儿。（我觉得很不好意思。）
［4］苹果怪下窝来。（苹果吃得很快呀。）
［5］给你俩钱儿？我怪喜拉你。（给你点钱？我很喜欢你呢。）
［6］小妮儿怪愿意上北京。（小妮儿很愿意去北京。）
［7］乜老汉子做那饭怪窝囊人，我都不戏吃。（那个老头儿做的饭让人觉得很脏，我都不愿意吃。）
［8］俩小孩儿连个煎饼也吃不上，看着怪可怜人。（两个孩子煎饼也吃不上，看着很让人可怜。）

"怪"可以构成"怪+动词+的上"结构，表示程度高，动词只能是表示负面心理感觉的心理动词。例如：

[1] 外头怪冻的上，快上屋呗。（外面很冷，快进屋吧。）

[2] 我天天试着怪□[kʰɔ³¹]的上。（我天天都觉得肚子里很没油水。）

[3] 水怪□[tʂa⁴²]的上。（水很冰人。）

[4] 旁人几子怪心焦的上，你还来赶热窝？（别人本来就心里很烦躁，你还来凑热闹？）

[5] 我今门儿怪气的上，小妮子不拉理。（我今天很生气，小姑娘不讲理。）

[6] 耩了一天果子地，还怪使的上来。（耕了一天花生地，还挺累呢。）

[7] 想想去坐席，我怪愁的上。（想想要去吃酒席，我很犯愁。）

[8] 吃了那药，我就怪眈的上。（吃了那个药，我就很犯困。）

[9] 快给我扤扤，这窝儿怪痒痒的上。（快给我挠挠，这里很痒。）

[10] 看着他受乜些磕达，她又怪疼的上，又怪恨的上。（看着他受这些罪，她又很心疼又很恨他。）

沂水方言的"怪"与形容词的组合还可以重叠，重叠后的形式为"怪A怪A的"，在句中可以作谓语，也可以作补语。作谓语时，前面可以有修饰语，后面不能带宾语与补语，也不能有动态助词；作补语时，前面要有补语的标志"的"。例如：

[1] 刚忙儿天还怪好怪好的，怎么正好的下雨开了？（刚才天还很好，怎么突然开始下雨了？）

[2] 我怪累怪累的，不想吃饭了。（我很累，不想吃饭了。）

[3] 屋来怪热怪热的，出来凉快凉快呗。（屋里很热，出来凉快凉快吧。）

[4] 我那手叫磨的怪疼怪疼的。（我的手被磨得很疼。）

[5] 花漏叫他使的怪脏怪脏的，得好好刷刷。（大柳条筐被他用得很脏，要好好刷一刷。）

[6] 乜个衣裳怪贵怪贵的，买乜个家子做什么？（那件衣服很贵，买那种东西干什么？）

[7] 刚下了雪，怪冷怪冷的，创什么门子？（刚下了雪，那么冷，串什么门儿？）

[8] 快过年了，人家都怪忙怪忙的，满空儿罗儿罗儿你。（快过年了，人家都很忙，哪里有时间接待你。）

3. 岗[kaŋ⁵⁵]／岗着[kaŋ⁵⁵tʂɔ⁰]

"岗"是一个借音字，本字未明，用在形容词、助动词或动词短语前表示程度很高。例如：

[1] 今年那白菜岗着贱。（今年的白菜很便宜。）

[2] 水库来那水岗深。（水库里的水很深。）

[3] 这小孩不好吃饭，岗难喂。（这个小孩不喜欢吃饭，很难喂。）

[4] 这小孩岗能祸害么儿。（这个小孩很能糟蹋东西。）

[5] 莲莲岗着会捋和人。（莲莲很会讨人欢心。）

[6] 老三是个杂碎，岗着气人。（老三是个很蛮横的人，很让人生气。）

[7] 他乜个就是个吃才包，岗着能吃。（他这种人就是个饭桶，很能吃。）

[8] 他小舅子岗生古。（他小舅子非常吝啬。）

"岗"和"岗着"意义、用法基本相同，二者可自由替换，"岗"应是"岗着"的省略形式。西乡几个乡镇多数场合用"岗着"，少用"岗"，县城及以东地区则使用"岗"的频率要高得多。

"怪"与"岗/岗着"的区别：

（1）"岗/岗着"比"怪"表示程度的等级更高，二者语义的区别相当于普通话中"非常"与"很"的不同，"怪"可以对译成普通话的"很"，"岗/岗着"可以对译为"非常"。"岗/岗着"比"怪"表示程度高、深的语义更加强烈。

（2）"怪"只是客观描述，"岗/岗着"带有主观评价的色彩。

（3）"程度副词+动词+的上"中的程度副词只能用"怪"，不能换作"岗/岗着"。

（4）"怪"与形容词的组合可以重叠，"岗/岗着"则不能。

"怪""岗/岗着"与普通话"很"的区别：

以上几个词语意思都相当于普通话的"很"，但与"很"在用法上有区别，二者并不完全相同：

（1）普通话中的"很"可以加上形容词在句中作定语修饰名词等，例如"很漂亮的一部汽车""很深的河""很厚的一摞书"等，沂水方言中的"怪"与"岗/岗着"没有这种用法，"怪"与"岗/岗着"加形容词构成的短语只在句中作谓语或补语。

（2）普通话的"很"可以用在"动词+数量词"前面，例如"很有几下子""很费了些时间"等，沂水方言中的"怪""岗/岗着"没有这种用法。

（3）普通话的"很"可以用在"得"后作补语，如"大得很""难听得很""不划算得很"等，沂水方言中的"怪""岗/岗着"没有这种用法。

4. 享 [ɕiaŋ⁴²]

"享"是一个借音字，本字未明，用在形容词、助动词或动词短语前表示程度很高，有很强的主观评价色彩。例如：

　　[1] 他享能。（他很有本事。）
　　[2] 他小姨享会包包子。（他小姨很会包饺子。）
　　[3] 这个人儿享不拉理。（这个人很不讲理。）
　　[4] 这个小狗儿享不爱将人儿。（这个小狗很不让人喜欢。）
　　[5] 百货大楼来那么儿都享贵。（百货大楼里的东西都很贵。）
　　[6] 这户儿病享难治。（这种病很难治。）
　　[7] 刷马架子_{一种毛毛虫}刷人享刺挠。（刷马架子这种虫子落到人身上刺痒难耐。）
　　[8] 爬乜样儿的山得享胆儿大的人才敢爬。（爬这样的山得胆子很大的人才敢爬。）

　　"岗/岗着"与"享"意义、用法无甚区别，二者经常可以互换，"岗/岗着"使用的频率更高。

　　5. 乔［tɕʰiɔ⁴²］

　　"乔"是一个借音字，本字未明。用在一些表消极意义的形容词和心理动词前表示程度很高，形容词限于"脏、臭、苦"，心理动词限于"烦、犯务、烦其"，另外还可以加在"气儿、味儿"两个名词前，意思为"味道很难闻"。例如：

　　[1] 茅房儿来乔臭。（厕所里很臭。）
　　[2] 茶碗子没刷，乔脏，别使了。（茶碗没洗，很脏，别用了。）
　　[3] 这回儿买那高丽果儿乔苦，不好吃一点儿。（这次买的草莓很苦，一点儿也不好吃。）
　　[4] 老嬷儿嬷儿那屋来朝年扯辈子的不拾掇，一进去乔气儿。（老太太的房间里成年的不收拾，一进去味道很难闻。）
　　[5] 我乔烦儿他。（我很讨厌他。）
　　[6] 我乔犯务吃方瓜。（我很讨厌吃南瓜。）
　　[7] 我乔烦其人家来扒问这，扒问那。（我很讨厌别人来问这问那。）
　　[8] 谁待这屋来吃烟来？乔味儿！（谁在这个房间里抽烟了？味道很难闻！）

　　与"怪+形容词"可以重叠的用法一样，"乔+形容词"也可以重叠，重叠后的形式为"乔A乔A的"，在句中可以作谓语，也可以作补语。作谓语时，前面可以有修饰语，后面不能带宾语与补语，也不能有动态助词。作补语时，前面要有补语的标志"的"。例如：

〔1〕屋来乔臭乔臭的，别进去了。（房间里很臭，别进去了。）

〔2〕你把裤子偎悠得乔脏乔脏的，怎么穿着出门儿啊？（你把裤子抹得很脏，怎么穿着出门啊？）

〔3〕这么儿乔苦乔苦的，直接没法吃。（这个东西非常苦，简直没法吃。）

6. 祖〔tθu⁵⁵〕

"祖"是一个借音字，本字未明。用在表消极意义的心理动词前表示程度高。例如：

〔1〕我祖犯务吃方瓜。（我非常讨厌吃南瓜。）

〔2〕我祖烦其老三。（我非常讨厌老三。）

与"岗/岗着""享"等相比较，"乔"与"祖"使用的范围很窄，仅限于修饰上文例句中所举的几个词语。

7. 着〔tsuə⁴²〕

西乡的夏蔚、高庄、王庄等镇使用，其他乡镇不说。用在形容词、助动词或动词短语前表示程度很高，意义相当于普通话的"确实，着实"。例如：

〔1〕今年着暖和。（今年实在暖和。）

〔2〕恁三哥着胀包。（你三哥实在不知好歹。）

〔3〕这个小孩着能踢蹬钱。（这个小孩实在能乱花钱。）

〔4〕小张着气人。（小张确实气人。）

〔5〕小青年儿着会说话儿。（小伙子着实会说话。）

〔6〕四千多块，这么儿着贵。（四千多块，这个东西确实贵。）

〔7〕大城市着好。（大城市确实好。）

〔8〕这俩小孩儿着伶头。（这两个孩子确实聪明。）

8. 其〔tɕʰi⁴²〕

东北乡的高桥、富官庄等镇使用，其他乡镇不说。用在形容词、助动词或动词短语前表示程度很高。例如：

〔1〕他那闺女长的其俊巴。（他的女儿长得很漂亮。）

〔2〕甜甜那嘴儿其巧。（甜甜的嘴很巧。）

〔3〕小营生儿这其会讹人了。（小家伙现在很会磨人了。）

[4] 那个戴眼镜的其有文化。（那个戴眼镜的很有文化。）

[5] 他其好吃椒子。（他很喜欢吃辣椒。）

[6] 他家来其有钱。（他家里很有钱。）

[7] 他大姨夫其能说。（他大姨夫很能说。）

[8] 乜个大学其难考。（那个大学很难考。）

9. 极 [tɕi⁴²]

东北乡的高桥、富官庄等镇使用，其他乡镇不说。用在形容词、助动词或动词短语前表示程度很高。例如：

[1] 小媳妇儿拿着婆婆极好。（小媳妇儿对待婆婆非常好。）

[2] 烙油饼极费事。（烙油饼很麻烦。）

[3] 老头儿极有钱。（老头儿很有钱。）

[4] 青年长巴的极排场。（小伙子长得很漂亮。）

[5] 小识字班儿极有眼色儿头儿。（小姑娘很会察言观色。）

[6] 小妮儿极会伺候人。（小姑娘很会照顾人。）

[7] 乐乐极会画儿画儿。（乐乐很会画画。）

[8] 刨地瓜极累人。（刨地瓜这个活儿很累人。）

10. 张 [tsɑŋ²¹³]

用在形容词前，表示程度高得过头。例如：

[1] 拿五斤鸡蛋张少。（拿五斤鸡蛋太少。）

[2] 这个袄张薄。（这个棉袄太薄。）

[3] 这条裤子张肥。（这条裤子太肥。）

[4] 五点去张早。（五点去太早了。）

[5] 小孩儿才六岁，上学张小。（小孩儿才六岁，上学太小了。）

[6] 恁乜样儿对老的张促磕。（你们这样对待父母太过分。）

[7] 你不去看看他，可是张离巴。（你要是不去看看他，可就是太离谱、过分。）

[8] 小媳妇子一分钱也不给她婆婆，可是张厉害。（小媳妇儿一分钱也不给她婆婆，可真是太吝啬过分了。）

"张"与"太"的区别在于，"太"可以修饰动词，"张"不能修饰动词，只能修饰形容词。也就是说，"太"比"张"的使用范围广。以上例句中的"张"全部可以换为"太"。不过,在老派人中,更习惯于使用"张"。

11. 好［xɔ⁵⁵］

用在形容词、动词或动词短语等谓词性成分前,构成"好+VP"的格式,表示"好+VP"的程度高。普通话中也有"一顿好V"和"好V一顿/通"表示"好+VP"的程度高的用法。沂水方言中这一结构的使用范围比普通话要宽得多,普通话中"好+V"的格式一般出现在被动句或"把"字句中,沂水方言无此限制;普通话"好+V"格式中的"V"一般为动词,一般不能是带宾语的动词短语,不能是形容词,沂水方言"好+VP"中的"VP"则可以是形容词、动词或动词短语等成分,若"VP"是形容词,则表示"十分/很VP"的意思。例如:

［1］牛牛夜来挨了一顿好打。(牛牛昨天挨了一顿狠打。)

［2］我好撸了他一通。(我狠狠教训了他一通。)

［3］剩下乜些菜,叫几个小孩儿好犒劳。(剩下那些菜,叫几个小孩儿好好享受。)

［4］手刚忙儿叫割了个大口子,好淌血来。(手刚才被割了个大口子,流了好多血。)

［5］一听着恁大姨死了,我心来好难受来。(一听见你大姨死了,我心里很难受。)

［6］多发了二百块钱,把他好恣。(多发了二百块钱,把他高兴坏了。)

［7］话儿还没说完,他就开始挣命,我叫他好气来。(话儿还没说完,他就开始撒泼,我被他气得不得了。)

［8］和大妮子家割了一天麦子,把我好使。(帮大女儿家割了一天麦子,把我累坏了。)

另外,"好+VP"作谓语时可以重叠,进一步强调"VP"的程度。例如:

［1］今们儿这个雨好下好下来。(今天这个雨下得很过瘾。)

［2］端了那一大锅羊肉汤,好吃好吃来。(端了那么一大锅羊肉汤,吃得很香。)

［3］花了那下伙子钱,把我好疼好疼。(花了那么多钱,我很心疼。)

［4］我叫他好气好气。(我被他气坏了。)

［5］夜后上我好睡好睡。(昨天晚上我睡得很香。)

［6］我叫雨好淋好淋来。(我被雨淋得好厉害。)

［7］这小孩儿叫他爸爸好熊好熊。(这个孩子被他爸爸好一顿批评。)

［8］考了个一百分儿,把他好恣好恣。(考了个一百分,把他高兴得不得了。)

12. 差一忽忽 [tʂʰa⁵⁵i⁵⁵hu²¹³hu⁰] ／差一精点儿 [tʂʰa⁵⁵i⁵⁵tsiŋ²¹³tiãr⁰]

用在动词、动词短语和小句前，意义等同于普通话的"差点儿"，表示某种事情接近实现或勉强实现。既可用于肯定形式，也可用于否定形式。例如：

[1] 我差一忽忽磕倒了。（我差一点儿摔倒了。）
[2] 我差一忽忽把书瞎了。（我差一点儿把书丢了。）
[3] 差一忽忽没砸着他。（差一点儿砸着他。）
[4] 差一精点儿没撵上。（差一点儿没追上。）
[5] 差一精点儿叫他断上。（差一点儿被他追上。）
[6] 差一精点儿叫砸杀了。（差一点儿被打死了。）

13. 眼看 [iã⁵⁵kʰã⁰] ／眼看的 [iã⁵⁵kʰã⁰ti⁰]

用在动词、动词短语和小句前，意义等同于普通话的"差点儿"，表示某种事情接近实现或勉强实现。既可用于肯定形式，也可用于否定形式。例如：

[1] 掰了一上午玉米，我眼看使杀了。（掰了一上午玉米，我差点儿累死了。）
[2] 拿了二百块钱，眼看没把他爷疼杀。（拿了二百块钱，差点儿把他爹心疼死了。）
[3] 他这回儿长病眼看的白搭了。（他这次生病差点儿完了。）
[4] 我眼看的把书瞎了。（我差一点儿把书丢了。）
[5] 早晨去晚了，眼看没叫老师熊杀。（早晨去晚了，差点儿被老师批评死。）
[6] 忘了拿钱夹子，眼看叫丢杀了。（忘了拿钱包，差点儿丢脸丢死了。）

"差一忽忽／差一精点儿"强调客观事实，"眼看／眼看的"强调主观感受。

14. 越 [yə²¹³]

沂水方言中的"越"读音与普通话不同，读为阴平，有两个义项，一个等于普通话的"越"，一个等于普通话的"越发"。例如：

[1] 越说他，他还越能了。（越说他，他还越来劲了。）
[2] 越撒急起来，还越事儿事儿多。（越着急呢，事情还越多。）
[3] 他两家子这越好了。（他们两家现在越发好了。）
[4] 吃了那个药，他咳嗽的越厉害了。（吃了那个药，他咳嗽得越发厉害了。）
[5] 越没钱的，越瞎兆儿兆儿。（越没钱的，越瞎吵吵。）
[6] 日子是越过越好。（日子是越过越好。）

以上程度副词都是前附加式，沂水方言里的程度副词还有后附加式。

15. 杀 $[\text{ṣa}^0]$

（1）副词"杀"的意义与分布。

用在心理动词和形容词后，构成"V/A＋杀"或"V/A＋杀＋O"的格式，表示 V 或 A 的程度非常高。例如：

[1] 割了一天麦子，可使杀我了。（割了一天麦子，可累死我了。）
[2] 俺眼看叫那个人儿喜杀了。（我们差点被那个人笑死了。）
[3] 你一考就能考上？你能杀！（你一考就能考上？你能死了！）
[4] 老嬷嬷子酸杀了，穿着那红褂子，花裤子。（老太婆臭美死了，穿着那红褂子，花裤子。）
[5] 我可叫他把我坑杀了！（我可叫他把我坑死了！）
[6] 那盼儿我看着一个长虫，可吓杀我了。（那阵我看见一条蛇，可吓死我了。）
[7] 你怎么知不道害□ $[\text{çiɔ}^{213}]$ 啊？我都觉着丢杀了。（你怎么不知道害臊啊？我都觉得丢脸丢死了。）
[8] 你这身衣裳几个月没洗了？你真是窝囊杀了。（你这身衣裳几个月没洗了？你真是脏死了。）
[9] 我叫她聒噪杀了，一天来了八百趟。（我被她烦死了，一天来了八百趟。）

（2）副词"杀"在汉语史中的来源。

"杀"的这种用法在汉语史上形成的时期很早。较早的例子如：

[1] 白杨多悲风，萧萧愁杀人。（《古诗十九首·去者日以疏》）
[2] 童男娶寡妇，壮女笑杀人。（《乐府诗集·紫骝马歌》）
[3] 此时君不在，娇莺弄杀人。（《游仙窟诗·别文成》）

唐代以后的例如：

[1] 荷花娇欲语，愁杀荡舟人。（李白《渌水曲》）
[2] 韦曲花无赖，家家恼杀人。（杜甫《奉陪郑驸马韦曲二首》）
[3] 鳄鱼大于船，牙眼怖杀侬。（韩愈《泷吏》）
[4] 御沟春水相辉映，狂杀长安年少儿。（刘禹锡《杨柳枝词九首》）
[5] 与摩行脚，笑杀人去。（《祖堂集》4.133）

[6] 家贫未是贫，路贫愁杀人。（《张协状元》第24出）

[7] 端的想杀柴进。（《水浒传》第22回）

[8] 只是快说谎，真个气杀我。（《朴通事》）

[9] 我的没救星儿，心疼杀我了。（《金瓶梅词话》第59回）

现代汉语普通话中，"死"代替了"杀"用来表示程度高。在沂水方言中，"杀"依然保留了这一用法。

（3）副词"杀"在沂水方言自身系统的来源。

我们认为，表程度高的"杀"来自于表"死亡"义的"杀"。

在沂水方言中，"杀"可以放在动词后，构成"V＋杀"或"V＋杀＋O"的形式。"杀"作动词的结果补语，意思为"死亡"，"V＋杀"的意思为动作或状态致O死亡。受事成分可以是人、动物或植物等一切有生命的物体。例如：

[1] 他儿是个小痞子儿，有回儿打仗叫人砸杀了。（他儿子是个小痞子，有次打架被人打死了。）

[2] 我劈杀你！（我劈死你。）

[3] 那个小猫儿叫汽车轧杀了。（那只猫被汽车轧死了。）

[4] 刚忙儿我没神思的一脚把个出溜船□［tsʰɛ⁵⁵］杀了。（刚才我没注意把一条蚯蚓踩死了。）

[5] 今年南方发大水，淹杀了一些人。（今年南方发洪水，淹死了很多人。）

[6] 六〇年时饿杀了不少人。（六〇年的时候饿死了很多人。）

[7] 她这个人心窄巴，什么话也没说的自己去吊杀了。（她心眼儿窄，什么话也没说自己去吊死了。）

[8] 今秋来那雨就是不罢点儿了，庄稼都涝杀了。（今年秋天的雨就是不停了，庄稼都涝死了。）

[9] 一春没雨，麦子都旱杀了。（一个春天没有雨，麦子都旱死了。）

[10] 这一磨子忘了浇水，把小花儿干杀了。（这一阵忘了浇水，把花干死了。）

表程度的"杀"应该是表"死亡"义"杀"的引申用法，由"死亡"的实在意义引申为一种感觉上的极甚程度。

这种用法的"V＋杀"在汉语史中出现的时间也极早，先秦两汉时代就已经出现，且广泛使用。例如：

[1] 见巨鱼，射杀一鱼。（《史记·秦始皇本纪》）

[2] 打杀长鸣鸡。（《乐府诗集·读曲歌》）

[3] 此是毒螫物，不可长，我当蹢杀之。(《齐谐记》)

[4] 火从藏中出，烧杀吏士数百人。(《论衡·死伪》)

一直到清代以前，动补结构"V+杀+O"都一直在广泛使用。例如：

[1] 阿耶交儿取杖，打杀前家哥子。(《敦煌变文集》)

[2] 汝足下出一马驹，蹢杀天下人。(《景德传灯录》)

[3] 令某等下马，前用大斧砍杀三十余人。(《三朝北盟会编·绍兴甲寅通知录》)

[4] 只怕马劣路崎岖，踢杀你，我不知。踢杀你，我不知。(《张协状元》第44出)

[5] 刺史一觑，却是孩儿打杀了孩儿。(《新编五代史平话·周史平话》)

[6] 老李听了恼躁起来，便要打杀那媳妇。(《朴通事》)

[7] 或是买此毒药，放在饮食里面，药杀了他。(《型世言》第5回)①

在现代汉语普通话中，表"死亡"结果的用法，"V死O"完全代替了"V+杀+O"。但在沂水方言中，"杀"一直保留了这一用法。

综上所述，我们认为，沂水方言表程度极高的后附加式副词"杀"来自于表死亡义的"杀"，这两类"杀"的用法都是对古汉语的一脉相承。

第二节　时间频率副词

A 组

正、先、后、一、一直、从来、才、早就、再、又、快

B 组

表时间的：刚、乍、大配、赶自、随赶自、营道、紧忙儿、情₁

表频率的：光₁、光好的、朝天（家）、三不动儿的、三六九儿来、动复儿、连二百三、复连；碰其晚儿、碰而不遇、逢一不二、朝年扯辈子、时来站往、轻引、管几儿、管几时；捞着回儿、眼回儿

1. 刚［tɕiaŋ²¹³］

读音为［tɕiaŋ²¹³］，本字应是"刚"②。表示发生在不久前。例如：

---

① 古代汉语的例句引自太田辰夫《中国语历史文法》(2003)与吴福祥《关于动补结构"V死O"的来源》，《古汉语研究》2000年第3期。

② 在沂水方言中，有部分见母字如"刚"、"耕"（梗开二）、"更五更"（梗开二）、"耩耩地"（江开二）、"虹"（江开二）等读为舌面音。

[1] 我刚赶集回来。（我刚赶集回来。）

[2] 他刚走了没一霎儿车就来了。（他刚走了没一会儿车就来了。）

[3] 红子刚当兵时，他爷天天待家来想得叫□［kʰuã⁰］。（红子刚当兵的时候，他父亲天天在家里想得哭。）

[4] 洋柿子才刚有点儿红，还不能吃。（西红柿才刚有点儿红，还不能吃。）

[5] 今年那韭菜从过年就一直不贱，这刚贱了。（今年的韭菜从春节起就一直不便宜，现在刚刚便宜了。）

[6] 李老师刚去学校开了个会回来。（李老师刚去学校开了个会回来。）

[7] 他刚骑着车子家走了。（他刚骑着自行车回家了。）

2. 乍［tʂa³¹］

用在谓词性成分前，意思为"刚开始"。例如：

[1] 这个微波炉，乍使，还不会使来。（这个微波炉，刚开始用，还不会用呢。）

[2] 乍来还认生，熟和熟和就行了。（刚来还认生，熟悉熟悉就行了。）

[3] 放假放的，乍一上班，不习惯了。（放假放的，刚开始上班，就不习惯了。）

[4] 乍去个新埝儿，谁都不认得。（刚去一个新地方，谁都不认识。）

[5] 乍一看，和小识字班儿啊似的。再看，就不展闲了。（刚开始猛一看，和小姑娘似的。再看，就不行了。）

[6] 乜个人儿说话，乍一听，当是多么大的官儿。（那个人说话，刚开始一听，以为他是多大的官儿。）

3. 大配［ta³¹pʰei⁰］

表示动作在进行中或状态在持续中，相当于普通话的"正"。例如：

[1] 我大配吃饭，待霎儿再说。（我正吃饭，过会儿再说。）

[2] 夜来你打电话来的时候，俺娘大配说你。（昨天你打电话来的时候，我母亲正说你。）

[3] 大配做着，一霎儿霎儿就中了。（正做着，一会儿就好了。）

[4] 他那时候还大配上着学，哪来有钱？（他那时候还正上着学，哪里有钱？）

[5] 她大配待那来洗衣裳。（她正在洗衣服。）

[6] 天大配下雨。（天正在下雨。）

4. 赶自 ［kã⁵⁵tθη⁰］

表示即将发生或紧接着某件事情发生，相当于普通话的"马上"。例如：

［1］恁先走，我赶自就来。（你们先走，我马上来。）
［2］医生赶自就来，恁甭撒急。（医生马上就来，你们别着急。）
［3］那个烙铁我使了使赶自就还给她了。（那个电熨斗我用了用马上就还给她了。）
［4］俺赶自就上了院。（我们马上就去了医院。）
［5］饭也没吃，赶自走了。（饭也没吃，马上走了。）
［6］钱花了就花了，赶自就挣就有。（钱花了就花了，马上就赚就有了。）

5. 随赶自 ［θui⁴²kã⁵⁵tθη⁰］

表示一件事情跟着另一件事情发生，相当于普通话的"随后"。例如：

［1］你先走，我随赶自就来。（你先走，我随后就来。）
［2］我送他上了车站，随赶自就上班去了。（我送他上了车站，随后就上班去了。）
［3］李老师随赶自拿了二百块钱来。（李老师随后拿了二百块钱来。）
［4］老嬷儿嬷儿才刚死，老汉子随赶自就出去胡花花去了。（老太太才刚死，老头儿随后就出去花天酒地去了。）

6. 营道 ［iŋ⁴²tɔ⁰］

"营道"是同音字，本字未明。用在谓词性成分前，相当于普通话的"已经"。例如：

［1］恁营道炸了丸子了□［mã⁰］？（你们已经炸了丸子了吗？）
［2］小孩才十六，营道打了二年工了。（小孩才十六岁，已经打了两年工了。）
［3］我还没说完的，他营道跑了。（我还没说完，他已经跑了。）
［4］苹果营道熟了□［mã⁰］？（苹果已经熟了吗？）
［5］恁三哥今年才三十八，营道当爷爷了。（你三哥今年才三十八岁，已经当爷爷了。）
［6］这个小识字班儿还没结婚的，营道俩小孩儿了。（这个小姑娘还没结婚，已经有两个小孩儿了。）

7. 紧忙儿［tɕiã⁵⁵maŋr⁴²］

用在表示否定的谓词性成分前，意思为"很长一段时间都不 VP"，相当于普通话的"一直"。例如：

　　［1］我等了他半天，他紧忙儿不来，我就走了。（我等了他半天，他老是不来，我就走了。）
　　［2］他借了俺三千块钱，紧忙儿不还。（他借了我三千块钱，很长时间都不还。）
　　［3］我咋唬他半天，他紧忙儿不出来。（我喊了他半天，他老是不出来。）
　　［4］他紧忙儿没上俺家了。（他很长一段时间都没上我们家了。）
　　［5］这会子我困不着觉，后上紧忙儿睡不着。（这阵子我睡不着觉，晚上很长时间都睡不着。）
　　［6］蛇胆疮这病不好治，得上就紧忙儿不好。（带状疱疹这种病不好治，得上就很长时间好不了。）

8. 情₁［tsʰiŋ⁴²］

表示动作持续不断或状态持续不变，相当于普通话的"一直"。既可修饰肯定性成分，也可修饰否定性充分。例如：

　　［1］他情坐那来，就是不走。（他一直坐在那里，就是不走。）
　　［2］恁姐姐怎么情不来啊？（你姐姐怎么一直不来啊？）
　　［3］衣裳何用情洗啊？（衣服哪里用得着老是洗啊？）
　　［4］他情说情说的，俺都不愿意听了。（他老说老说的，我们都不愿意听了。）
　　［5］他弟兄们情不搭腔。（他们兄弟之间一直不说话。）
　　［6］这会子情下雨起了。（这阵子老下雨。）

9. 光₁［kaŋ²¹³］①

相当于普通话的"老、老是"。例如：

　　［1］你光看电视不学习，可不行。（你老是看电视不学习，可不行。）
　　［2］他光和他老婆打仗。（他老是和他老婆吵架。）

---

① 我们认为按语义它的本字应是"光"，来源于表限定范围的"光"。不读［kuaŋ²¹³］是为避讳。"光"在沂水方言中为形容词，意思为赤身。

［3］俺这会子光吃菠菜去了。（我们这一阵子老是吃菠菜。）

［4］我光来，这磨儿和儿都怪熟和了。（我老来，这附近都很熟悉了。）

［5］恁大舅就是光喝酒去了。（你大舅就是老喝酒去了。）

［6］他黑宴光出去耍。（他晚上老出去玩。）

此一义项的"光"可以组成"光 V 光 V 的"的重叠式，表示"状态为经常 V"。例如：

［1］包子光吃光吃的，也吃俗了。（老是吃饺子，也吃厌烦了。）

［2］再好的埝儿，光去光去的，也看不出好来了。（再好的地方，老是去，也看不出好来了。）

［3］他光来光来的，我都烦儿了。（他老是来，我都烦了。）

［4］光说光说的，也不嫌絮叨。（老说，也不嫌烦。）

10. 光好的　$[kaŋ^{213}xɔ^{31}ti^0]$

表示事情的发生不止一次，而且时间相隔不久，相当于普通话的"时常、经常"。例如：

［1］俺光好的插豆沫子。（我们经常做小豆腐。）

［2］乜两口子光好的打仗。（那两口子经常吵架。）

［3］她光好的过娘家。（她经常回娘家。）

［4］俺这来光好的有当官儿的来。（我们这里经常有当官的来。）

［5］东北冬天光好的下雪。（东北冬天经常下雪。）

［6］打从她娘没了，她光好的叫宽去了。（自从她母亲去世，她经常哭。）

11. 朝天（家）　$[tsɔ^{213}t^hiã^{213}（tɕia^0）]$

用在谓词性成分之前表示动作、行为或情况的发生是经常性的，相当于普通话的"成天、整天"。例如：

［1］红波朝天待他大娘家吃饭。（红波成天在他伯母家吃饭。）

［2］你情着朝天玩是，考不上学就去扛麻袋包。（你尽管天天玩就是，考不上就去扛麻袋包。）

［3］这个小青年儿朝天来找乜个小识字班儿。（这个小伙子天天来找那个小

姑娘。)

[4] 他大姐夫待外头找了个轧伙的,朝天家不家来。(他大姐夫在外面找了个相好,成天不回家。)

[5] 这两口子朝天家打仗。(这两口子成天吵架。)

[6] 乜小孩儿朝天家叫宽。(这个孩子成天哭。)

与"光""光好的"不同的是,"朝天(家)"常带有说话人不满的感情色彩,"光"和"光好的"只是客观描述,不带说话者的主观态度。语义上所含的经常性频率,"朝天(家)"比"光"和"光好的"要高。

12. 三不动儿的 $[\theta\tilde{a}^{213}pu^{55}tu\eta r^{31}ti^0]$

用在谓词性成分前表示发生的事情是频率很高的,相当于普通话的"常常、经常、时不时",后面常与"就"搭配使用。有时带有不满的主观感情色彩。例如:

[1] 这小孩怪赖赖,三不动儿的就不好受。(这个小孩体质很弱,时不时地就生病。)

[2] 他俩人儿三不动儿的就去下饭店。(他们两个人时不时地就去下饭馆。)

[3] 这个车子三不动儿的就掉链子。(这辆自行车时不时地就掉链子。)

[4] 这个手机不好使一点儿,三不动儿的就毁了。(这个手机一点儿都不好用,动不动就坏了。)

[5] 三份儿来是个窝囊货,三不动儿的去讹他爷要钱。(老三是个没用的人,动不动就去磨他父亲要钱。)

[6] 小妮儿自己买了个轿子,三不动儿的就家来。(小妮儿自己买了辆轿车,时不时就回娘家来。)

"三不动儿的"与"光好的"经常可以互换,若用"光好的"后面则不能用"就"。另外,"光好的"限于客观描述,不带主观感情色彩。

13. 三六九儿来 $[\theta\tilde{a}^{213}liu^{31}t\varphi iur^{55}l\varepsilon^0]$

用在谓词性成分前表示发生的事情频率不高,意思为"不经常,有时",只能修饰肯定形式。例如:

[1] 大闺女三六九儿来来一趟。(大女儿有时候来一次。)

[2] 他家来吃肉不多,三六九儿来的割一回儿。(他家里吃肉不多,有时候买一次。)

[3] 俺三六九儿来的包顿包子。(我们有时候包顿饺子。)

［4］老嬷儿嬷儿三六九儿来的就上城去赶集。（老太太时不时地去城里赶集市买东西。）

［5］孔老嬷嬷子三六九儿来的买油条吃。（孔老太太时不时地买油条吃。）

［6］东北冬来三六九儿来的下大雪。（东北冬天时不时地下大雪。）

14. 动复儿 ［tuŋ³¹fur⁰］

意思为"动不动儿"，后面常常跟"就"，可修饰肯定形式，也可修饰否定形式。多用于不希望发生的事。例如：

［1］他动复儿就郎当着个脸子。（他动不动就耷拉着脸。）

［2］他动复儿就熊人。（他动不动就发脾气。）

［3］动复儿就说不干了还行？（动不动就说不干了还行？）

［4］他动复儿就不搭腔。（他动不动就不和人说话。）

［5］他动复儿就不欢气。（他动不动就不高兴。）

［6］老三动复儿就撂挑子。（老三动不动就撂挑子。）

"动复儿"与"三不动儿的"的区别是："三不动儿的"的主语可以是人也可以是物，"动复儿"的主语只能是人。

15. 连二百三 ［liã⁴²lɿ⁰pei⁵⁵θã⁰］

用在谓词性成分前，意思为"接连不断"。强调某一动作反复发生。例如：

［1］他连二百三的吃了好几碗包子。（他连续吃了好几碗饺子。）

［2］我连二百三的喝了好几缸子水。（我连续喝了好几茶缸水。）

［3］建秋连二百三的买了好几个烟嘴儿。（建秋连续买了好几个烟嘴儿。）

［4］这会子连二百三的去坐席，没住一住。（这阵子连续地去吃酒席，没停一停。）

［5］这个月俺家来连二百三的来客。（这个月我们家里连续地来客人。）

［6］这一阵子俺班来连二百三的瞎营生儿。（这一阵子我们班里连续地丢东西。）

16. 复连 ［fu⁵⁵liã⁴²］

用在谓词性成分前，意思为"连续"。强调某一动作的延续不断。例如：

［1］乜些活儿，我复连干了三天才干完。（那些活儿，我连续干了三天才干完。）

［2］我复连棉了三天，才棉起那床被子来。（我连续缝了三天，才缝好那床

被子。）

　　［3］复连下了五六天雨。（连续下了五六天雨。）

　　［4］我复连去了三趟，才见上了书记。（我连着去了三趟，才见到书记。）

17. 碰其晚儿［$p^hən^{31}tɕ^hi^0uɑr^{55}$］／碰而不遇［$p^hən^{31}li^0pu^{55}y^0$］／逢一不二［$fən^{42}i^{55}pu^{55}lɿ^{31}$］

　　用在谓词性成分前表示发生的事情频率不高，相当于普通话的"偶尔"。例如：

　　［1］我碰其晚儿的能碰上他。（我偶尔能碰见他。）

　　［2］俺碰其晚儿的吃一回儿包子。（我们偶尔吃一次饺子。）

　　［3］小辉碰而不遇的打回儿电话。（小辉偶尔打一次电话。）

　　［4］一般没好电视，碰而不遇的有个好的。（一般没好电视剧，偶尔有个好的。）

　　［5］他逢一不二的自己洗洗衣裳。（他偶尔自己洗洗衣服。）

　　［6］他懒死，逢一不二的去上回儿坡。（他懒得要命，偶尔去下地干次活儿。）

18. 朝年扯辈子［$tsɔ^{213}niã^{42}ts^hə^{55}pei^{31}tθɿ^0$］

　　用在谓词性成分前表示动作、行为或状态持续的时间长。相当于普通话的"成年"，常带有说话人不满的感情色彩。例如：

　　［1］他弟兄们朝年扯辈子的不来往。（他们兄弟成年不来往。）

　　［2］三口子朝年扯辈子的待他丈人家吃饭。（三口人成年在他岳父家吃饭。）

　　［3］疯汉朝年扯辈子穿着一个破袄头子。（疯子成年穿着一件破棉袄。）

　　［4］孔老嬷儿嬷儿朝年扯辈子不洗个澡儿。（孔老太太成年不洗澡。）

19. 时来站往［$ʂɿ^{42}lɛ^{42}tʂã^{31}uɑŋ^0$］

　　用在谓词性成分前表示发生的事情频率低且时间短。例如：

　　［1］他大姐出了门子了，时来站往地来一趟，一般见不着了。（他大姐结了婚，偶尔来一趟，一般见不着了。）

　　［2］冬儿时来站往的看看他爷爷。（冬儿偶尔看看他爷爷。）

　　［3］妮子时来站往的来吃顿饭。（女儿偶尔来吃顿饭。）

20. 轻引 [tɕʰiŋ²¹³·iə⁰]

意义相当于普通话的"轻易"，只用于否定句。例如：

[1] 他轻引不家来。（他轻易不回家来。）

[2] 小孩儿怪硬棒，轻引不长病。（小孩儿很结实，轻易不生病。）

[3] 他爷们儿轻引不搭腔。（他们父子轻易不说话。）

[4] 大闺女轻引不擦俺那门儿。（大女儿轻易不登我们家的门。意即"轻易不来我们家"。）

[5] 得了乜个病，他轻引不喝酒。（得了这个病，他轻易不喝酒。）

[6] 馍馍我都是拿麦子去换，轻引没蒸。（馒头我都是用麦子直接去换，一般没蒸。）

21. 管几儿 [kuã⁵⁵tɕir⁰] /管几时 [kuã⁵⁵tɕi⁰ʂɔ⁰]

意思为"不管什么时候、从来"。例如：

[1] 冬子管几儿不和他爷爷搭腔。（冬子从来不和他爷爷说话。）

[2] 她上俺家，管几儿不打电话。（她来我家，从来不打电话。）

[3] 出去吃饭，管几时都是他掏钱。（出去吃饭，从来都是他掏钱。）

[4] 他去看他姥娘，管几儿都不空手儿。（他去看他姥姥，从来不空手去。）

[5] 家来做了好吃的，他管几时都忘不了我。（家里做了好吃的，他不管什么时候都忘不了我，都记得给我送。）

22. 捞着回儿 [lɔ²¹³tʂɔ⁰xuir⁴²] /眼回儿 [iã⁵⁵xuir⁴²]

意思为"有时候、说不上哪次"。例如：

[1] 他捞着回儿来，捞着回儿不来。（他有的时候来，有的时候不来。）

[2] 芹菜一般的都是一块钱二斤，捞着回儿也卖一块五二斤。（芹菜一般都是一块钱两斤，有的时候也卖一块五两斤。）

[3] 捞着回儿他做，捞着回儿我做。（有时候他做，有时候我做。）

[4] 甭撒急，他眼回儿就好了。（不用着急，他说不上哪次就好了。）

[5] 他闺女婿都是空着手儿来，眼回儿也捎一精点儿咸菜五的。（他女婿都是空着手来，有时候也带一点儿咸菜什么的。）

第三节　范围副词

A 组

都、全、全都、也、又、一共

B 组

光$_2$、一共言、一总来、共言、总来、加么言共、计总、全合罗儿、封其外、各自

1. 光$_2$ [kɑŋ²¹³]

是限定范围的副词，一般用来限定事物或动作范围，相当于普通话的"光"。例如：

[1] 光他自己来了。（光他自己来了。）

[2] 光买家事，就花了五千多。（光买家具就花了五千多。）

[3] 我光吃的煎饼，没吃菜。（我光吃煎饼，没吃菜。）

[4] 光恁俩人去□ [mã⁰]？（光你们两个人去吗？）

[5] 老头儿光说没用的。（老头子光说些没实际用处的话。）

[6] 光说不练白搭。（光说不练没用。）

2. 一共言 [i⁵⁵kuŋ²¹³iã⁴²]／一总来 [i⁵⁵tθuŋ⁵⁵lɛ⁰]

"共"读为阴平，"一共言"和"一总来"是对数量的总括，一般用在谓词性词语前，有时也可以直接用在数量成分前。与普通话中的"一共、全部"意义和用法相当。例如：

[1] 一共言来了三十郎个人。（一共来了三十来个人。）

[2] 加起来一共言还该着六千块钱。（加起来一共还欠着六千块钱。）

[3] 全庄儿一共言两千郎口子。（全村一共两千多人。）

[4] 他一总来上了三年学。（他总共上了三年学。）

[5] 一总来十二三斤。（总共十二三斤。）

[6] 我把剩下那些菜划拉了划拉，一总来都吃了。（我把剩下的菜拨到一起，全部吃了。）

3. 共言［kuŋ²¹³iã⁴²］/总来［tθuŋ⁵⁵lɛ⁰］

这里的"共"也读为阴平，"共言"和"总来"也用于对数量的总括，与"一共言"/"一总来"的区别在于："一共言"/"一总来"是对数量的客观总括，不含有主观态度；"共言"/"总来"带有说话人认为数量不多的态度，可解释为"总起来不过……"。例如：

［1］俩月总来挣了五百块钱。（两个月一共才挣了不过五百块钱。）
［2］总来干了十了天就不想干了。（一共才干了十来天就不想干了。）
［3］共言来待了一集就家走了。（一共来住了五天就回家去了。）
［4］共言就几个儿个儿，你还摔了一个。（总共就没几个，你还摔了一个。）
［5］共言待了五分钟就走了。（总共待了五分钟就走了。）
［6］不盖他是的，他共言没说几句话。（不是他的错，他一共没说几句话。）

"共言"还可以作语气副词使用，用于否定，与"没+谓词性成分"连用，表示"压根儿、在某一时间段从开始到最后没有 VP"。例如：

［1］那下伙子苹果，我共言没捞着吃一个。（那么多的苹果，我压根儿没吃到一个。）
［2］今年共言没冷一点儿。（今年压根儿不冷。）
［3］我共言就没见他一分钱。（我压根儿就没见他一分钱。）
［4］这个搂子壶共言没使的，怎么就不要了？（这个茶壶压根就没用过，怎么就不要了？）

4. 加么言共［tɕia²¹³mə⁰iã⁴²kuŋ⁰］

是对数量的总括，意思为"总计、加起来一共"。一般用在谓词性词语前，有时也可以直接用在数量成分前，与"一共言"和"一总来"的意义、用法相当。例如：

［1］算上这一趟，加么言共也就两三回儿。（算上这一趟，总共也就两三回儿。）
［2］这三个月我加么言共挣了八百块钱。（这三个月我总共挣了八百块钱。）
［3］加上夜来拦的，加么言共拦了二十斤果子。（加上昨天捡的，一共捡了二十斤花生。）

5. 计总［tɕi³¹tθuŋ⁰］

总计时间，意思为"从一开始到现在"，用于否定句。例如：

[1] 计总恁也没想着这些人们儿。（从一开始到现在你们也没想着我们这些人。）

[2] 计总恁也没打谱儿给俺帮忙儿。（从一开始到现在你们也没打算给我们帮忙。）

[3] 计总他就没想叫我去。（从一开始到现在他就没想叫我去。）

6. 全合罗儿 $[tɕ^huã^{42}xuə^{42}luər^0]$

是限定范围的副词，相当于普通话的"全部"，同时带有"完整"的意思。例如：

[1] 他姊妹十个，全合罗儿的都还有。（他兄弟姐妹十个人，全部都还健在。）

[2] 亲亲家全合罗儿的都来了。（亲戚家全部都来了。）

[3] 俺娘娶嫁时的家事，全合罗儿的都还有。（我娘出嫁时的家具，全部都还在。）

7. 封其外 $[fəŋ^{213}tɕ^hi^0uɛ^{31}]$

是限定范围的副词，意思为"（除了……），额外再……"。

[1] 这些钱是学费和生活费，封其外我再给你一百块钱的路费。（这些钱是学费和生活费，除此之外我再给你一百块钱的路费。）

[2] 除了上班，恁几个人封其外还得做饭。（除了上班，你们几个人还得做饭。）

[3] 过年除但发了钱，封其外还发了一箱苹果。（春节不但发了钱，额外还发了一箱苹果。）

8. 各自 $[kuə^{55}tɵ̩ŋ^0]$

用在谓词性成分前，意思为"单独"。例如：

[1] 你那么儿我给你各自搁着，不搁了大橱来。（你的东西我给你另外放着，不放在大橱里。）

[2] 俺大爷不吃肉，我各自又给他包了一样素的。（大伯不吃肉，我单独又给他包了一样素的。）

[3] 他有肝炎，不能和旁人一块儿吃饭，得各自吃。（他有肝炎，不能和别人一起吃饭，得单独吃。）

第四节　情状副词

A 组

好歹、胡乱、胡、瞎、白、白白、一块儿、照样儿、快、亲口、亲手、亲眼、从头儿、满心、一心、一手儿、随手

B 组

好上、好其拉歹、聚、就付（着）/付就（着）、出心、得为、正好的、猛个（古）定的/猛的下、一子、麻利（的）/快利（的）、爽、江么声的、慢儿慢儿（的）、瞪眼儿看着/瞪眼儿听着、伙着、板争儿的、像模当样儿的、一盼儿、大约摸儿

1. 好上　$[xɔ^{55}saŋ^0]$

一般用在谓词性成分前作状语，意思为"好生，好好"。例如：

[1] 你好上拿着，别磕了。（你好生拿着，别摔了。）

[2] 这小孩一点儿也不好上学习。（这小孩一点儿也不好好学习。）

[3] 你好上吃饭，长大了也和恁舅似的怎么高。（你好生吃饭，长大了也像你舅似的这么高。）

[4] 我和你说的那个事儿你可得好上想着哈。（我和你说的那个事儿你可得好好记住啊。）

[5] 我好上听好上听的，还是没听春。（我好好听好好听，还是没听清。）

[6] 好上上班儿，别叫人家背地后来说和。（好好工作，别让人家在背后议论。）

2. 好其拉歹　$[xɔ^{55} tɕʰi^0 la^{31} tɛ^{55}]$

与"好歹"意思相同，表示不计条件好坏，将就做某件事。含有勉强、凑合的意思。例如：

[1] 我好其拉歹的缝了几个大纰子。（我胡乱缝了几个大针脚。）

[2] 我说了好几遍，他才好其拉歹的刷了刷锅。（我说了好几遍，他才随便地刷了刷锅。）

[3] 这小孩不愿意洗澡儿，这回儿仁大人摁着，才好其拉歹的洗了洗。（这小孩不愿意洗澡，这回三个大人按着，才勉强洗了洗。）

[4] 好其拉歹的划拉了几口饭就走了。（随便吃了几口饭就走了。）

[5] 咱又不盹的，好其拉歹的听听算完。（咱又不懂，勉强随便听听算了。）

[6] 他也不会做饭，顿顿好其拉歹的吃。（他也不会做饭，顿顿随便吃。）

3. 聚 [tsy³¹]

用在动词前作状语，表示动作、行为的数量等不加限制，意思大致相当于普通话的"尽（某人）V、由着 V"。例如：

[1] 一个人俩菜一个汤，大米饭聚吃。（每个人两个菜一个汤，大米饭尽管吃。）

[2] 你想怎么打就怎么打，打印纸聚使。（你想怎么打就怎么打，打印纸由着用。）

[3] 这回儿那酒聚恁喝。（这次的酒你们尽管喝。）

[4] 他自己一个人，聚人家打聚人家骂。（他自己一个人，由着人家打由着人家骂。）

[5] 几时走都行，俺聚恁。（什么时候走都可以，我们由着你们的安排。）

[6] 叫他提条件呗，咱聚他。（让他提条件吧，我们由着他。）

4. 就付（着）[tsiu³¹fu⁰（tʂɔ⁰）] / 付就（着）[fu⁵⁵tsiu⁰（tʂɔ⁰）]

用在谓词性成分前作状语，表示动作、行为的发生是与另外的动作、行为一起的，跟普通话的"顺便"大致相当。例如：

[1] 我就付着买了点儿菜家来。（我顺便买了点儿菜回家。）

[2] 你去割点儿肉，就付打瓶子酱油。（你去割点儿肉，顺便打瓶酱油。）

[3] 你去买雪花膏着，就付买管儿牙膏。（你去买雪花膏的时候，顺便买管儿牙膏。）

[4] 出去赶集，付就去看看俺三姨。（出去赶集，顺便去看看我三姨。）

[5] 你付就把我那褂子也一块儿洗了呗。（你顺便把我的上衣也一起洗了吧。）

[6] 这点儿活儿，我付就着就干了。（这点儿活儿，我捎带着就干了。）

5. 出心 [tsʰu⁵⁵sə̃⁰]

用在谓词性成分前，表示某种动作、行为是有意识的或故意的，与普通话中的"成心"大致相当。例如：

[1] 我看着你是出心想找事儿。（我看你是成心想找碴儿。）

［2］他出心叫我下不来台。（他成心叫我下不来台。）

［3］他要出心不和我过，我也没办法。（他要成心不和我过，我也没办法。）

［4］这个小孩儿就是出心不好上吃饭。（这个小孩儿就是成心不好好吃饭。）

6. 得为［tei⁵⁵uei⁰］

用在谓词性成分前，表示某种动作、行为是有意识的或故意的，与普通话中的"故意"大致相当。例如：

［1］我看你就是得为的。（我看你就是故意的。）

［2］我得为把皮儿拿去，你又搁上？（我故意把皮儿拿去，你又放上？）

［3］他得为挡那来不叫人走路。（他故意挡在那里不叫别人走路。）

［4］我得为那样儿说，看他说什么。（我故意那样说，看他说什么。）

7. 正好的［tsəŋ³¹xɔ⁵⁵ti⁰］

用在谓词性成分前，表示某种动作、行为发生得很意外、没有料到，意思为"突然、没有防备地"或者"无缘无故地"。例如：

［1］那天他还好好的，怎么正好的住了院？（那天他还好好的，怎么突然住进了医院？）

［2］他正好的吆喝了我一声，吓了我一跳。（他突然喊了我一声，吓了我一跳。）

［3］你怎么也没子声一声，就正好的不干了？（你怎么也没说一声，就突然不干了？）

［4］刚忙儿天还怪好，正好的下雨开了。（刚才天还好好的，突然开始下雨了。）

［5］起头儿说不考试的来，正好的又说要考。（开始说不考试来着，突然又说要考。）

［6］那块大石头正好的掉下来了。（那块大石头突然掉下来了。）

8. 猛个（古）定的［məŋ⁵⁵kə⁰（ku⁰）tiŋ⁴²ti⁰］/猛的下［məŋ⁵⁵ti⁰çia³¹］

这两个词意义、用法一样，用在谓词性成分前，表示某种动作、行为发生得很意外、很猛烈，意思为"突然、猛然"，与普通话的"冷不丁地、冷不防地"大致相当。例如：

［1］她猛个定的来怎么一手儿，吓了我一跳。（她冷不丁地来这么一手，吓了我一跳。）

[2] 车猛的下翻了。（车突然翻了。）

[3] 他猛个定的走了，把我好难受来。（他突然去世，让我好难受。）

[4] 小孩儿掐奶得慢儿慢儿的掐，不能猛的下都掐了。（小孩断奶要慢慢地断，不能突然一下子都断掉。）

[5] 他长的变了样儿，猛个定的站我跟儿来，我直接不敢认。（他长得变了样儿，突然站在我面前，我简直不敢认。）

[6] 刹车得早点儿，不能猛个定的刹。（刹车得早点儿，不能猛然刹。）

9. 一子 [i⁴²tθʅ⁰]

用在谓词性成分前，表示某种动作、行为发生得很意外，相当于普通话的"一下子、突然"，"一"读阳平。例如：

[1] 绳子一子断了。（绳子突然断了。）

[2] 没神思的，鸡蛋一子掉地下去了。（没注意地，鸡蛋突然掉到地上去了。）

[3] 一子飞来了一大群家鹏子。（突然飞来了一大群麻雀。）

[4] 他一子走了，我都知不道怎么治。（他突然走了，我都不知道怎么办。）

[5] 这回儿一子抱了二十个小鸡儿。（这次一下子孵了二十只小鸡。）

10. 麻利（的）[ma⁴²li⁴²（ti⁰）] /快利（的）[kʰuɛ⁴²li⁴²（ti⁰）]

用在谓词性成分前，表示动作发生得很快。例如：

[1] 你麻利的施为，我这就走。（你赶快修理，我现在就走。）

[2] 看他爷来，他麻利的拿腿走了。（看见他父亲过来，他赶快拔腿走了。）

[3] 你麻利去打捞打捞人家几时开始。（你赶紧去打探打探人家什么时候开始。）

[4] 你快利吃，人家都等着你。（你赶快吃，人家都等着你。）

[5] 快利的拿来！（快点儿拿来！）

11. 爽 [ʂuaŋ⁵⁵]

用在谓词性成分前，表示动作发生得快而利索，动词限于"滚、走"等。只用在祈使句中。例如：

[1] 你给我爽滚！（你给我赶快滚！）

[2] 爽走了利杀。（赶快走了利索。）

12. 江么声的 ［tɕiaŋ²¹³ mə⁰ ʂəŋ⁴² ti⁰］

"江么声"为同音字，本字未明，意思为"悄悄地、静静地、没有声响地"。例如：

［1］你江么声的，恁妹妹待那来睡觉。（你悄悄地，你妹妹在那里睡觉。）
［2］我江么声的进去看了看。（我悄悄地进去看了看。）
［3］大队干部江么声的把钱分了。（大队干部偷偷地把钱分了。）

13. 慢儿慢儿（的）［mãr³¹ mãr⁴²（ti⁰）］

有三个义项，分别为"轻轻地、小心地、慢慢地"。例如：

［1］你慢儿慢儿的拿，都是玻璃的，别碰毁了。（你轻轻地拿，都是玻璃的，别碰坏了。）
［2］小孩儿精嫩，你慢儿慢儿的抱。（小孩儿很嫩，你轻轻地抱。）
［3］楼道儿来没灯，你慢儿慢儿的走。（楼道里没灯，你小心走。）
［4］你那腿刚好，骑车子慢儿慢儿骑。（你的腿刚好，骑自行车时小心着点。）
［5］你慢儿慢儿吃，甭撒急。（你慢慢吃，不用着急。）
［6］你慢儿慢儿拾掇是，时候还早。（你慢慢收拾就是，时候还早。）

14. 瞪眼儿看着 ［təŋ³¹ iãr⁵⁵ kʰã³¹ tʂɔ⁰］／瞪眼儿听着 ［təŋ³¹ iãr⁵⁵ tʰiŋ²¹³ tʂɔ⁰］

意思为"眼睁睁地"。例如：

［1］我瞪眼儿看着搁了这来的，怎么没有了？（我明明看见放在这里的，怎么没有了？）
［2］他瞪眼儿听着有小偷儿，也不子声。（他明明听见有小偷，也不吱声儿。）
［3］我瞪眼儿听着你刚忙儿说的，你这就不承认了。（我明明刚才听见你说的，现在就不承认了。）
［4］你情能是，我瞪眼儿看着你往后不用我。（你尽管有本事就是，我看你以后不用我。）
［5］好上瞪眼儿看着哈，别叫他跑了。（好好看着，别叫他跑了。）

15. 伙着 [xuə⁵⁵tʂɔ⁰]

意思为"合伙做某事"。例如:

[1] 俺和俺表妹妹伙着开的饭店。(我和我表妹合伙开的饭店。)
[2] 俺组来几个人都是伙着吃饭。(我们组里几个人都是一起搭伙吃饭。)
[3] 电视是俺仨人伙着买的。(电视是我们三个人合伙买的。)

16. 板争儿的 [pã⁵⁵tʂəŋr⁴²ti⁰]

有两个义项,一是副词"认真、正规、很当回儿事",二是形容词"整洁"。副词的用法例如:

[1] 你板争儿的坐好,别狗毛以蛋的。(你认真地坐好,别不老实。)
[2] 你板争儿的吃,别拉拉一桌子。(你认真地吃,别掉得一桌子都是。)
[3] 他那儿结婚,俺板争儿的去的。(他的儿子结婚,我们很当回儿事地去的。)
[4] 俺妈板争儿的弄了一桌子菜,买的酒。(我妈很用心地做了一桌子菜,买了酒。)

17. 像模当样儿的 [tsʰiaŋ³¹mə⁰taŋ²¹³iaŋr³¹ti⁰]

意思为"正规、认真、很像样"。例如:

[1] 老两口子像模当样儿的穿上婚纱去照了个相。(老两口认真地穿上婚纱去照了个相。)
[2] 八月十五,俺像模当样儿的去看的他。(中秋节,我们很正式地去看了他。)
[3] 他像模当样儿的坐了台上,和真事儿啊似的。(他像模像样地坐在台上,像真的一样。)

18. 一盼儿 [i²¹³pʰãr³¹]

意思为"一口气儿、一气儿、一鼓作气"。例如:

[1] 我一盼儿吃上了五个□[tʰã⁵⁵]饼。(我一气儿吃了五个合子。)
[2] 俺一盼儿干到七点才吃饭。(我们一口气干到七点才吃饭。)
[3] 我使劲跑使劲跑,一盼儿断上了他。(我拼命跑拼命跑,一鼓作气追上了他。)
[4] 倩玉一盼儿长的我都不认的了。(倩玉一气儿长得我都不认识了。)

19. 大约摸儿 ［ta³¹yuə²¹³mər⁰］

意思为"粗略地"。例如：

［1］ 我大约摸儿和他算了算账。（我大略地和他算了算账。）

［2］ 这地才刚锄了没几天，大约摸儿锄锄就行了。（这地才刚锄了没几天，大概地锄锄就行了。）

［3］ 菜大约摸儿择择就是。（菜大略地择一择就是。）

第五节　语气副词

A 组

非、非得、当然、实在、真、都、才、就、可、也、反正、明明、千万、最好、硬、简直、干脆

B 组

高低儿、贵贱、天生、自来、殊不知、弄（了）半年、瞒不上的/瞒上不的、好容、直接、正格的、满（的）、敢子、情₂、何用、没里、还能的、不一就、眊不了/当不住/碍不着、情是、大是、管么、伴、伴巧（了）、保险

一、陈述语气副词

1. 高低儿 ［kɔ²¹³tir⁰］ /贵贱 ［kuei³¹tçiã³¹］

意思为"无论如何"。例如：

［1］ 小孩高低儿不上他姨家干活儿了。（小孩无论如何不去他姨家干活了。）

［2］ 甭管俺怎么说，人家高低儿就是不搭腔。（不管我们怎么说，他就是不说话。）

［3］ 他爱怎么说怎么说，你贵贱的别松口儿。（他爱怎么说就怎么说，你无论如何不要答应。）

［4］ 你这回儿贵贱的得去。（你这次无论如何得去。）

2. 天生 ［tʰiã⁴²ʂəŋ⁰］

意思为"事实确实如此"。例如：

［1］他天生不会喝酒，恁情甭让。（他确实不会喝酒，你们不要一直让了。）

［2］天生不是他弄的，你花备他，他不瓦古来？（确实不是他弄的，你责备他，他不委屈吗？）

［3］他天生不是个玩意儿。（他确实不是个东西。）

［4］我天生不知道。（我确实不知道。）

3. 自来 ［tθŋ³¹lɛ⁰］

意思为"本来"。例如：

［1］我自来就不好穿红的绿的。（我本来就不喜欢穿红的绿的。）

［2］我自来就犯务他。（我本来就讨厌他。）

［3］他自来就这样儿。（他本来就这样。）

［4］他俩人自来就有仇，这回儿待成块儿还不使劲打？（他们两个人本来就有仇，这次在一起还不拼命打？）

4. 殊不知 ［tsʰu⁴²pu⁵⁵tsɿ²¹³］

意思为"其实"。例如：

［1］你还当是个景儿，殊不知人家没知不道的。（你还以为是个新鲜事儿，其实人家没有不知道的。）

［2］我还当是他还待家来，过来嘎伙他，殊不知他早走了。（我还以为他还在家里，过来叫他一起，其实他早走了。）

［3］他看着怪老实，殊不知一包心眼子。（他看着很老实，其实有很多心眼儿。）

［4］她天天拾掇的花红柳绿的，殊不知一身病。（她天天收拾打扮得很美，其实一身是病。）

5. 弄（了）半年 ［nuəŋ³¹（lɔ⁰）pã³¹niã⁴²］

意思为"原来"。例如：

［1］我说这人怎么看着就和认的啊似的，弄半年还是俺表妹妹的小叔子。（我说这个人怎么看着就像认识一样，原来是我表妹的小叔子。）

［2］我当是你知道来，弄半年你到如今还知不道。（我以为你知道呢，原来你到现在还不知道。）

［3］俺还神思给恁找个埝儿来，弄半年恁早有了。（我还想着给你说个婆家呢，原来你早有了。）

［4］我说情找不着，弄了半年叫他三叔借去了。（我说一直找不到，原来被他三叔借走了。）

6. 瞒不上的［mã^{42}pu^{31}saŋ^{31}ti^0］/瞒上不的［mã^{42}saŋ^{31}pu^{31}ti^0］

意思为"怪不得"。例如：

［1］瞒不上的他说要家走，还是家走相媳妇去。（怪不得他说他要回家，原来是回家相亲去。）

［2］瞒不上的他这回儿考试不好，还是上网上的。（怪不得他这次考试考得不好，原来是上网上的。）

［3］瞒上不的贵林说他哥哥他哥哥的，还是他大姨来了。（怪不得贵林说他哥哥他哥哥的，原来是他大姨来了。）

［4］瞒上不的这两天儿没听着她说话儿，还是出门去了。（怪不得这几天没听到她的声音，原来是外出了。）

7. 好容［xɔ^{55}iuŋ^{42}］

意思为"好容易、好不容易"。例如：

［1］旁人好容弄了半天的，叫你一脚踩了。（别人好容易弄了半天的，让你一脚踩了。）

［2］复习了三年，好容考了个中专。（复习了三年，好不容易考了个中专。）

［3］浇了半个多月的水，花儿好容才又活了。（浇了半个多月的水，花好容易才又活了。）

［4］待路上堵了仨钟头儿，好容回来了。（在路上堵了三个小时，好不容易回来了。）

8. 直接［tsɿ^{42}tsiə^{55}］

意思为"简直"。例如：

［1］这小孩儿直接把他老师气杀了。（这个小孩儿简直把他老师气死了。）
［2］这天直接的热煞人。（这天气简直热死人。）
［3］我直接叫他聒噪煞了。（我简直被他烦死了。）
［4］他爷爷喜的直接的上了天。（他爷爷高兴得简直上了天。）

9. 正格的 [tsəŋ²¹³kuə⁴²ti⁰]

意思为"真的"。例如：

[1] 你正格的拿来，我就给你做。（你真的拿来，我就给你做。）
[2] 正格的是俺妗子来了。（真的是我舅妈来了。）
[3] 你正格的写完了？（你真的写完了？）
[4] 正格的是他说的？（真的是他说的？）

10. 满（的）[mã⁵⁵（ti⁰）]

"满（的）"为同音字，本字未明。用在否定语义的句子里，表示一种不屑的口气。

[1] 他满的上研究生。（他怎么会上研究生。）
[2] 他满的有钱。（他怎么会有钱。）
[3] 她满孙子儿，四个儿家都养活的闺女。（她怎么会有孙子，四个儿子生的都是女儿。）
[4] A：恁爸爸给你买蛋糕了吗？（你爸爸给你买蛋糕了没有？）
　　B：满的。（哪里有。）

11. 敢子 [kã⁵⁵tθʅ⁰]

相当于普通话的"敢情"。例如：

[1] 你去敢子好，我就放心了。（你去敢情好，我就放心了。）
[2] 考上大学敢子是怪好。（考上大学敢情是很好。）
[3] 有暖气儿那敢子好，冬天就不害冷了。（有暖气那敢情好，冬天就不怕冷了。）
[4] 有钱花敢子好。（有钱花敢情好。）

12. 情₂ [tsʰiŋ⁴²]

相当于普通话的"尽管"，表示没有条件限制，可以放心去做，句末常加"是"。例如：

[1] 旁人都吃完了，你情吃是。（别人都吃完了，你尽管吃就是。）

[2] 他不来了，你情自己走是。（他不来了，你尽管自己走就是。）

[3] 你情甭管他，该做什么就做什么。（你不用管他，该做什么就做什么。）

[4] 你情放心是，保险弄得好好的。（你尽管放心就是，一定弄得好好的。）

二、疑问语气副词

1. 何用［xuə⁴²iuŋ⁰］

用在反问句里，意思为"哪里用"。例如：

[1] 去一个就是，何用都去？（去一个就行了，哪里用都去？）

[2] 何用给他五百块钱？三百真够使的。（哪里用得着给他五百块钱？三百足够用了。）

[3] 乜点小事儿何用打仗？（这点小事哪里用得着吵架？）

[4] 小孩何用买怎么贵的衣裳？（小孩哪里用买这么贵的衣服？）

2. 没里［mu⁴²li⁰］

用在疑问句里，相当于普通话的"难道"。例如：

[1] 他没里是不好受□［mã⁰］？怎么乜样儿的脸色儿？（他难道是生病吗？怎么这样的脸色？）

[2] 没里是恁妗子来了□［mã⁰］？（难道是你舅妈来了？）

[3] 没里不吃饭就走□［mã⁰］？（难道不吃饭就走吗？）

[4] 天怎么黑啊？没里要下雨□［mã⁰］？（天这么黑啊？难道要下雨吗？）

3. 还能的［xã⁴²nəŋ⁴²ti⁰］

用在反问句里，相当于普通话的"难道"。例如：

[1] 不是你拿的，还能的是我拿的□［mã⁰］？（不是你拿的，难道是我拿的吗？）

[2] 恁奶奶管管你，还能的不行□［mã⁰］？（你奶奶管一管你，难道不行吗？）

[3] 还能的盖我是的□［mã⁰］？（难道是我的原因吗？）

[4] 当老师的还能的有不认得的字儿□［mã⁰］？（当老师的难道还有不认识的字吗？）

三、揣测语气副词

1. 不一就 ［pu⁵⁵ i⁵⁵ tsiu³¹］

相当于普通话的"不一定"。例如：

［1］他不一就来。（他不一定来。）
［2］看这个样儿，不一就下雨。（看这个样子，不一定下雨。）
［3］不一就是他弄的。（不一定是他弄的。）
［4］他不一就能考上。（他不一定能考上。）

2. 眊不了 ［mɔ²¹³ pu³¹ liɔ⁵⁵］/当不住 ［tɑŋ³¹ pu³¹ tsu³¹］/碍不着 ［ŋɛ³¹ pu³¹ tʂuə⁴²］

相当于普通话的"说不定"，倾向于肯定的一面。例如：

［1］眊不了就是他偷的。（很可能就是他偷的。）
［2］这回儿当不住能考上。（这次也许能考上。）
［3］这功夫当不住还有票。（现在很可能还有票。）
［4］这个事儿碍不着是小张儿办的。（这件事说不定是小张做的。）
［5］这个衣裳乐乐穿碍不着张大。（这件衣服乐乐穿说不定太大。）
［6］恁还待这来一包劲，碍不着人家还不戏去。（你们还在这里很有劲头儿，说不定人家还不屑去。）

3. 情是 ［tsʰiŋ⁴² ʂɿ³¹］

意思为"好像是，就像是"。例如：

［1］乜人儿从后头看，情是恁小姨。（这个人从后面看，好像是你小姨。）
［2］乜俩人儿看样相儿情是姊妹俩。（这两个人从相貌上看就像是姐妹俩。）
［3］我听着有人儿说话，情是俺二姨来了。（我听见有人说话，好像是我二姨来了。）
［4］这天情是要下雪。（这天好像是要下雪。）

4. 大是 ［ta³¹ ʂɿ³¹］

相当于普通话的"大概"。例如：

[1] 他大是不愿意□［pɔ⁰］？（他大概不愿意吧？）

[2] 他大是早走了□［pɔ⁰］？（他大概早走了吧？）

[3] 这功夫大是早过了八点了。（现在大概早过了八点了。）

[4] 二十乘以三大是不等于五十□［pɔ⁰］？（二十乘以三大概不等于五十吧？）

5. 管么［kuã⁵⁵mə⁰］

后面跟数量结构，表示对数量的估测，意思为"大概"。例如：

[1] 这功夫儿管么八点了。（这时候大概八点了。）

[2] 这袋子小米儿管么得五十斤不少。（这袋小米得五十斤不少。）

[3] 他今年管么得六十好几了□［pɔ⁰］？（他今年得六十好几了吧？）

[4] 这人儿管么不小年纪了。（这人可能年龄不小了。）

6. 佯［iaŋ⁴²］/佯巧（了）［iaŋ⁴²tɕʰiɔ⁵⁵（lɔ⁰）］

相当于普通话的"也许，可能"。例如：

[1] 天佯下雨，你捎着伞□［pɛ⁰］。（天也许下雨，你带着伞吧。）

[2] 明日佯放假。（明天也许放假。）

[3] 这回儿佯能行。（这次也许能行。）

[4] 他佯巧了星期来。（他也许星期天来。）

7. 保险［pɔ⁵⁵ɕiã⁵⁵］

相当于普通话的"肯定"。例如：

[1] 他保险考不上。（他肯定考不上。）

[2] 这时候去，保险能找着他。（这个时候去，肯定能找到他。）

[3] 你甭问，她保险不承认。（你不用问，她肯定不承认。）

第六节　否定禁止副词

否定副词：没、没家、不
禁止副词：甭、甭家、别

一、否定副词

1. 没［mu⁴²］／［mə̃⁴²］

（1）"没"的语义及分布。

读音为［mu⁴²］，声调阳平，也读为［mə̃⁴²］。

沂水方言中的"没有"是一个偏正词组，不是一个词，只能用在单独回答问句中谓语成分为"有"的答句里，例如：——你有铅笔刀吗？——没有。而且，这类"没有"在新派人中用得较多，老年人往往用"没家"，不用"没有"。沂水方言的"没有"使用范围非常狭窄，不能作为动词，更不能作为副词来修饰动词。

沂水方言中表否定的副词只有一个——"没"。"没"既可以用在体词性成分前作动词，也可以用在谓词性成分前作副词。①

用在体词性成分前，表示某种事物不存在或没有被领有。例如：

［1］我没脚扎车。（我没自行车。）
［2］她没乜户儿呢子的衣裳。（她没这种呢子的衣服。）
［3］天井来没人儿。（院子里没人。）
［4］抽匣子来没么儿。（抽屉里没东西。）
［5］他没怎么大。（他没这么大。）
［6］那时没营生儿吃，害饿了就上河涯喝上一肚子凉水。（那时候没东西吃，饿了就去河里喝上一肚子凉水。）

例［1］和例［2］是对领有的否定，例［3］和例［4］是对存在的否定，例［5］和例［6］用在谓词性成分前，表示对动作、行为、状态或变化的已然性或现实性的否定。

沂水方言的"没"本身并不区分已然性或现实性，这里所说的已然性或现实性指否定的内容。例如：

［1］他没说。（他没说。）
［2］我没上城。（我没上城。）
［3］俺没去回儿。（我没去过。）
［4］俺没去回儿青岛。（我没去过青岛。）

---

① "没"作动词与副词的区分笔者参考的是吕叔湘（1982）的标准。

［5］我还没说完。（我还没说完。）

［6］我没听明白。（我没听明白。）

［7］他没子声就走了。（他没吱声就走了。）

［8］我没和他说他姥娘有病的事儿。（我没和他说他姥姥有病的事儿。）

［9］天还没明。（天还没亮。）

［10］饭还没中，你先吃块点心。（饭还没好，你先吃块点心。）

（2）与普通话"没"的差异。

普通话中的否定副词既有"没"，也有"没有"，二者都是否定动作、状态、变化等的已然性，即表示动作、状态、变化等还没实现。"没"与"没有"的区别主要在音节上，"没有"多修饰双音节词语，"没"多修饰单音节词。（张谊生，2000）

沂水方言中的"没"承担了普通话中"没"和"没有"的功能，"没"既用来否定谓词性成分，也用来否定体词性成分；既否定双音节词语，也否定单音节词语。

（3）"没"的来源及其在汉语史中的位置。

太田辰夫（2003）认为，"有"的否定，早先是"无"，从上古时期就在使用。如：

［1］君子无所争。《论语·八佾》

［2］无欲速，无见小利。《论语·子路》

表示"无"的意思的"没"大约出现在唐代。"没有"产生得更晚，可能是宋元之际。太田氏对表"无"义的"没"和"没有"产生的年代并无十分的把握，这个问题也不是我们讨论的范围，但可以肯定的是这三个词出现的先后顺序是"无—没—没有"。

沂水方言至今没有产生"没有"作动词和副词的用法，"没"承担否定"有"义的所有功能，说明它还停留在较古的层次。

我们在调查中发现，一些受教育程度较高的年轻人表示可以接受"没有"修饰体词性成分即"没有"作动词的用法，比如可以说"我没有手机""俺没有钱""恁还没有小孩儿□［mã⁰］你们还没有孩子吗""他怎么没有书他怎么可能没有书"，但只限于接受"没有"修饰具体的事物，若宾语为抽象的事物则不能接受，例如下面的说法都是不可以的，"没有本事""没有能为没有能力""没有办法"等。"没有"修饰动词即"没有"作副词的用法毫无例外地没有人说。我们认为，也许在不久的将来，随着共同语影响的日渐深远，沂水方言中的"没有"会成为一个动词。它演变为否定副词的迹象虽然我们到现在还没发现，但也不排除这种可能。

沂水方言中"没有"与其他成分可搭配的接受度也给关于"没有"在汉语史上发展轨迹的一些理论作了佐证。如向熹《简明汉语史》（下卷，第425页）认为：

"'没'在唐代开始用作'有'的否定。……到了宋元，'没有'开始连用，表示否定。……明代'没'用来修饰动词，有了副词的用法。'没有'本是一个偏正词组，连用已久，也用来修饰动词，就成为一个复合的否定副词。产生较晚……似到清代才盛行起来。"也就是说，"没有"否定名词（作动词）的用法在前，否定动词（作副词）的用法在后。石毓智（2001）也认为"早期的否定动词用法，多限于'没'，很少有'没有'的用法"。

太田辰夫（2003）认为："'没'的原义是'陷没''埋没'的'没'。"在沂水方言口语中，没有"陷没""埋没"等书面词语，但有一个表示"淹没"义的单音节动词"没"，读音为［mu^{55}］。如：

［1］刚忙儿下大雨街上那水没到大腿。（刚才下雨街上的水淹到大腿。）

［2］汪来那水能没了人啊吧。（池塘里的水能没过人吗？）

［3］还没不了脚脖子。（还淹不到脚腕。）

我们认为，沂水方言中的否定词"没"与动词"没"也应是同源。

2. 没家［mu^{42}/mə^{42}tɕia^0］

沂水方言中另有一词"没家"，"没家"与"没"的意义相当，"没家"用在下列场合：

（1）用在反复问句的句末。例如：

［1］你有洋镐没家？（你有洋镐没有？）

［2］你那俟妮子找了埝儿了没家？（你俟女找婆家了吗？）

［3］饭做中了没家？（饭做好了没有？）

［4］你上回儿恁二姨家来没家？（你去过你二姨家没有？）

（2）单独回答问题。例如：

［1］A：吃了吗？（吃了没有？）

　　　B：没家。（没有。）

［2］A：他走了吗？（他走了没有？）

　　　B：还没家。（还没有。）

［3］A：你有钢笔水啊吗？（你有没有钢笔水？）

　　　B：没家。（没有。）

［4］A：你布袋儿来有十块钱啊吗？（你口袋里有十块钱没有？）

　　　B：没家，就六块八。（没有，就六块八。）

以上"没家"的用法都不能用"没"。

3. 不 ［pu^{55}］

"不"用在谓词性成分或个别副词前，表示对意愿、行为、性状、变化或情况等的否定，跟普通话的"不"相同。不同之处是声调为上声。例如：

［1］我不上学了。（我不上学了。）

［2］这瓶儿酒不贱。（这瓶酒不便宜。）

［3］这会子俺奶奶不打针了。（这阵子我奶奶不打针了。）

［4］我不会吃烟。（我不会抽烟。）

"不"也可以用于假设的情况。例如：

［1］不好上干人家就不要。（不好好干人家就不要。）

［2］你不说谁知道？（你不说谁知道？）

［3］不香俺就不买。（不香的话我们就不买。）

沂水方言的"不"与普通话的"不"的区别在于，普通话中的"不"有时可以单独回答问题，而沂水方言的"不"不能单独用，一定要加别的成分才能回答问题。例如：

［1］A：你别去了。

　　　B：不，我非去。

［2］A：你答应他的条件吗？

　　　B：不。

以上例句在普通话中是成立的，但在沂水方言中要分别说成"俺/我不，俺/我非去"和"不答应"，不能单用"不"。

二、禁止副词

1. 甭 ［pə̃^{42}］

（1）"甭"的意义与用法。

"甭"读音为［pə̃^{42}］，韵母为前鼻音，与普通话韵母为后鼻音的"甭"的语音形式并不完全一致。但鉴于语义与普通话的"甭"相同，所以我们仍将其写为"甭"。

"甭"的意思即是"不用"，表示劝阻、禁止或不需要。例如：

[1] 甭管他，他就那样儿。（不用管他，他就这样。）

[2] 甭听他的，他那话儿一半儿是把瞎唬。（不用听他的，他的话一半是撒谎。）

[3] 甭管乜个家子，你情吃你的是。（不用管这种人，你尽管吃你的就是。）

[4] 你管怎么也是个大学生，甭和他一般见识。（你不管怎么样都是个大学生，不用和他斤斤计较。）

[5] 孙子上学了，我就甭受累了。（孙子上学了，我就不用受累了。）

[6] 五个人就够了，甭去叫他大爷了。（五个人就够了，不用去叫他伯父了。）

（2）与普通话"甭"的区别。

普通话中的"甭"只能用作副词，沂水方言中的"甭"除了用作副词，还可以用作动词。例如：

[1] 甭你，你情看你的书是。（不用你，你尽管看你的书就是。）

[2] 俺甭他也活的怪好。（我们不用他也活得很好。）

2. 甭家 [pə⁴²tɕia⁰]

"甭家"和"甭"的意义、用法基本一样，上述用"甭"的地方都可以换成"甭家"。例如：

[1] 甭家管他，他就那样儿。

[2] 甭家听他的，他那话儿一半儿是把瞎唬。

[3] 甭家管乜个家子，你情吃你的是。

[4] 你管怎么也是个大学生，甭家和他一般见识。

[5] 孙子上学了，我就甭家受累了。

[6] 五个人就够了，甭家去叫他大爷了。

"甭家"和"甭"的区别在于"甭家"可以单独回答问题，"甭"不可以。例如：

[1] A：拿着这二百块钱呗。（拿着这二百块钱吧。）

　　B：甭家，这些就够了。（不用，这些就够了。）

[2] A：咱去看看他吧。（咱去看看他吧。）

　　B：甭家。（不用。）

上述"甭家"不可以换成"甭"。

3. 别〔piə⁴²〕

"别"表示劝阻或禁止，用法与普通话的"别"相同。例如：

[1] 别害怕。（别害怕。）

[2] 别撒急。（别着急。）

[3] 别关电视。（别关电视。）

[4] 恁俩人别狗毛尾蛋的。（你们两个人别纠缠在一起胡闹。）

[5] 待学校来别和人家打仗。（在学校里别和别人打架。）

[6] 吃饭别拉拉子洒洒。（吃饭别洒东西。）

小　结

本章考察了沂水方言的副词系统。沂水方言的副词系统有以下特点：

（1）各类副词包括程度副词、时间频率副词、范围副词、情状副词、语气副词都非常丰富，除了部分与普通话形式相同的词语外，尚有大量沂水方言特有的副词。

（2）表示程度极高的后附加式副词"杀"至今仍在沂水方言中使用，而没有如普通话那样被"死"所替代。沂水方言"杀"的用法属上古、中古汉语的遗留。

（3）否定禁止副词系统由两组形式对应的词语——"没、没家、不"和"甭、甭家、别"组成。"没有"在沂水方言中还只是一个应用面极窄的词组，尚没有成为动词，更没有成为副词，说明沂水方言的"没"还停留在汉语史较早的层次。但部分青少年已接受在表示具体事物的名词前使用"没有"的用法，"没有"修饰动词即"没有"作副词的用法则还未见迹象。我们认为，随着共同语影响的日渐深远，沂水方言中的"没有"很有可能在将来演变成一个动词。它演变为否定副词的迹象虽然我们到现在还没发现，但也不排除这种可能。

第五章　助词特点

　　助词是附加在词、短语或句子之后，给被附加的成分附加上某种语法意义的后置性的虚词。关于助词的范围和分类，各家主张有所不同，内部差异较大。例如张谊生（2002）将助词分为时态助词、时制助词、结构助词、比况助词、表数助词、列举助词和限定助词七大类，并区分了准时态助词和准比况助词两类准助词。在先贤对助词概念和范围界定的基础上，结合沂水方言的实际，本书将沂水方言的助词分为以下几类：体貌助词、结构助词、语气助词。

第一节　体貌助词

　　传统汉语语法一般认为汉语是一种缺乏严格意义上形态变化的分析性语言，许多在印欧语中可以通过动词、形容词或其他词类的曲折变化形式完成的语法任务和所表达的语法意义，在汉语中往往要通过分析手段——添加助词来完成。因此汉语有类似印欧语"体"的范畴。而关于"体"的名称，历来各家说法不一，有的称为"态"，有的称为"情貌"（王力，1943），有的称为"动相"（吕叔湘，1942），有的称为"动态""时态"（龚千炎，1995）等，各家的名称和包含的类别虽然有别，但基本上都认为体与动作或者事件的过程和状态、阶段有关。其中有的与动作、事件在一定时间的进程、状态密切相关，有的与动作、事件的时间进程关系较小，从而将前者定义为"体"，后者定义为"貌"。

　　现代汉语及方言的体貌形态手段，大都是从词汇手段虚化而来的，但具体来源相当复杂，大致有结果补语、趋向补语、处所补语和动量补语等（刘丹青，1996）。体貌形态虚词的虚化程度不是完全一致的，在实和虚之间，不存在一条鸿沟，而是一个渐变的连续体（刘丹青，1996）。本书对体貌助词的界定主要采用《动词的体》（李如龙，1996）所提出的四条标准，即，①意义的虚化；②结构关系的黏着；③功能上的专用；④语音上的弱化（轻声或合音）。根据上述界定标准，沂水方言的体貌助词可以分为完成体与已然体助词、经历体与近经历体助词、进行体与持续体助词、起始体助词、先实现体助词。

一、完成体与已然体助词

1. 完成体助词"了"

完成体表示动作的完成或变化的实现。沂水方言中的完成体助词为"了",语音形式为 $[lɔ^0]$。

"了"只能依附在动词和形容词的后面,不能出现在句末,等于普通话的"了₁"。例如:

[1] 我问了老李,他说他知不道。(我问了老李,他说他不知道。)

[2] 我吃了饭就走。(我吃了饭就走。)

[3] 小孖儿孖儿睡了觉了。(小婴儿睡觉了。)

[4] 俺哥哥来了封信。(我哥哥来了一封信。)

[5] 夜来我睡了眼看十个钟头儿。(昨天我睡了接近十个小时。)

[6] 俺共言去待了四天。(我们一共去住了四天。)

[7] 今们儿她来了三趟。(今天她来了三次。)

[8] 乜个电视我就看了一半儿。(这个电视剧我就看了一半。)

[9] 大儿出钱给俺盖了间锅屋。(大儿子出钱给我们盖了一间厨房。)

[10] 今年我那头发白了不少。(今年我的头发白了不少。)

[11] 这小孩儿今夏天比春上时高了一指还多。(这小孩今年夏天比春天高了一指还多。)

[12] 才吃了一霎儿霎儿就□ $[yə^{55}]$ 了。(才吃了一会儿就吐了。)

[13] 她歇了俩月才上班儿。(她休息了两个月才上班。)

[14] 我都说了三遍了,我不想再说的了。(我都说了三遍了,我不想再说了。)

[15] 这个论文儿怎么都写了两年了,还没捣鼓出来啊?(这个论文怎么都写了两年了,还没写好啊?)

以上例句中,例[1]至例[3]是单纯的"动+了+宾"格式,例[4]至例[11]中的宾语是含有数量短语的名词,例[12]至例[15]是动词加数量补语。

另外,在沂水方言中,以上例句中的"了"都可以省略不说,动词或形容词在语音上略有延伸,发音似"□ $[ə]$"。以上例句分别可以说成如下:

[1] 我问□ $[ə]$ 老李,他说他知不道。(我问了老李,他说他不知道。)

[2] 我吃□ $[ə]$ 饭就走。(我吃了饭就走。)

[3] 小孖儿孖儿睡□ $[ə]$ 觉了。(小婴儿睡觉了。)

［4］俺哥哥来□［ə］封信。（我哥哥来了一封信。）

［5］夜来我睡□［ə］眼看十个钟头儿。（昨天我睡了接近十个小时。）

［6］俺共言去待□［ə］四天。（我们一共去住了四天。）

［7］今们儿她来□［ə］三趟。（今天她来了三次。）

［8］乜个电视我就看□［ə］一半儿。（这个电视剧我就看了一半。）

［9］大儿出钱给俺盖□［ə］间锅屋。（大儿子出钱给我们盖了一间厨房。）

［10］今年我那头发白□［ə］不少。（今年我的头发白了不少。）

［11］这小孩儿今夏天比春上时高□［ə］一指还多。（这小孩今年夏天比春天高了一指还多。）

［12］才吃□［ə］一霎儿霎儿就□［yə⁵⁵］了。（才吃了一会儿就吐了。）

［13］她歇□［ə］俩月才上班儿。（她休息了两个月才上班。）

［14］我都说□［ə］三遍了，我不想再说的了。（我都说了三遍了，我不想再说了。）

［15］这个论文儿怎么都写□［ə］两年了，还没捣鼓出来啊？（这个论文怎么都写了两年了，还没写好啊？）

2. 已然体助词"了"［lɔ⁰］

"了"位于句末，表示一种新情况的出现（即事态发生了变化）或即将发生变化，意义、用法都等同于普通话的"了₂"。例如：

［1］橘子烂了。（橘子烂了。）

［2］他喝醉了。（他喝醉了。）

［3］包袱送回去了。（包袱送回去了。）

［4］莲莲大闺女了。（莲莲长成大姑娘了。）

［5］杏儿熟了。（杏熟了。）

［6］枣红了。（枣红了。）

［7］天冷了。（天冷了。）

［8］半个月了，还没一点儿动静儿。（半个月了，还没一点儿动静。）

表示事态将有变化，前面常有副词或助动词等。例如：

［1］快寒食了。（快清明节了。）

［2］快割麦子了。（快割麦子了。）

［3］要变天了。（要变天了。）

［4］我得家走了，眼看五点了。（我得回家了，接近五点了。）

3. "了"位于"V"与"NL"之间的用法

（1）沂水方言的用法。

沂水方言中的"了"可以位于"V"与"NL"之间，形成"V + 了 + NL"的结构，表示人或事物通过动作到达某处所，"N"代表处所名词，"L"指方位词，有的时候"L"可以不出现。格式中的"了"句法位置与表处所的介词相当。"NL"为动作的归结点。例如：

①"了"相当于"在"：

　［1］我把书搁了桌子上了。（我把书放在桌子上了。）

　［2］他把钱都花了闺女身上了。（他把钱都花在女儿身上了。）

　［3］上烟台时，俺住了海边儿下那旅馆来。（去烟台的时候，我们住在海边的旅馆里。）

　［4］小狗儿叫我拴了树上去了。（小狗被我拴在树上了。）

　［5］你怎么还□［tɕʰiə²¹³］了床上？（你怎么还躺在床上？）

　［6］他大配坐了沙发上看电视。（他正坐在沙发上看电视。）

这组例句中的动词或表示状态（□［tɕʰiə²¹³］、坐），或表示动作（搁、花、住、拴），"了"主要与"在"相当，也有"在/到"兼可的，如例［4］的"拴"。

②"了"相当于"到"：

　［1］气球飞了天上去了。（气球飞到天上去了。）

　［2］没神思的，把一只手套子掉了水来去了。（没注意，把一只手套掉到水里去了。）

　［3］我把肉送了他家来去了。（我把肉送到他家里去了。）

　［4］油都□［pʰəŋ¹³］了身上去了。（油溅到身上去了。）

　［5］你把酒拿了里间去。（你把酒拿到里屋去。）

　［6］两口子打仗，他大姐跑了娘家去了。　（两口子吵架，他大姐跑到她娘家去了。）

这组例子中的动词都有移动义，"了"只能解释为"到"。

句子也可以是表未然的。例如：

　［1］别把烟灰弹了地下，弹了烟灰缸来。（别把烟灰弹在地上，弹在烟灰缸里。）

［2］快把□［ŋa⁵⁵］□［θa⁰］搋了外头去！（快把垃圾扔到外面去！）

［3］不把白菜窖了窖子来□［ma⁰］？（不把白菜窖在地窖里吗？）

［4］钱不存了银行，存了哪来？（钱不存在银行，存在哪里？）

普通话"V+X+NL"中"X"是由介词"在"或"到"来担当的，沂水方言中的"X"则是由语音形式与完成体助词完全相同的成分来担当。

（2）其他方言的情况。

"V+X+NL"中的"X"是与某一体标记完全相同的形式，这一语言现象在全国普遍存在。目前我们看到的材料较多的是"X"与持续体标记相同。例如①：

［1］把手搁着被窝暖一下。——西安

［2］猫儿跳着缸上。——西宁

［3］盘子端来搁着桌子当中。——银川

［4］把娃娃送着托儿所里去。——中宁

［5］把画儿挂的墙上。——太原

［6］我睡倒你的头前儿在。——襄樊

［7］放到桌上／住到街上。——萍乡

［8］牛关哒牛栏内头。——辰溪

［9］放则格里／坐则床里。——丹阳

［10］搁着桌子。——休宁

［11］扔啦水里／困啦床浪。——上海

［12］她嫁哩山里啦。——和顺

［13］把衣裳挂哩衣架子上。——平鲁

［14］坐□［ti］椅顶。——厦门（以下两例转引自梅祖麟，1988）

［15］坐□［tyɔ］椅悬顶。——福州

作方位介词的成分与持续标记读音相同的方言，涉及的范围相当广。地理上，从南到北、从东到西，从官话到晋语、湘语、吴语、徽语、闽语等；语音上，有［t］类声母的持续标记，［ts］类声母的持续标记，还有［l］声母、［tɕ］声母，包括"着""之""倒""哒""得""的""哩"等几类主要的持续标记（罗自群，2006）。

作方位介词的成分与完成标记读音相同的方言，我们目前已知的，主要在山东省境内，除了沂水，还有栖霞、威海、大疃（荣成市）、高村（文登市）、小观（文登

---

① 例子转引自罗自群：《现代汉语方言持续标记的比较研究》，北京：中央民族大学出版社 2006 年版，第 220 页。

市）、牟平、福山、午极（乳山市）、凤城（海阳市）、亭口（栖霞市）、大辛店（蓬莱市）、龙口、招远、毕郭（招远市）、莱阳（以上方言点的情况为刘翠香调查所得），另有临沂、蒙阴、沂南、费县、郯城、平邑、昌乐（笔者调查所得）及寿光（张树铮，1995）、潍坊、临清、聊城、郓城（刘翠香，2005）等，几乎包含了山东省内的东莱片、东潍片（属胶辽官话）以及西齐片、西鲁片（属冀鲁官话、中原官话）所有的方言点。例如①：

[1] 爬了仰墙上。/写了黑板上。——龙口

[2] 掉了地上。/跑了家里来了。——潍坊

[3] 扔了水里。/趴了北边。/坐了炕上。——寿光

[4] 扔喽房顶上。/跑喽聊城去买书。——临清

[5] 拿喽屋里。/放喽桌子上。——聊城

[6] 那几张画贴了墙上啦。/酒瓶子放了桌子底下不保险。——郓城

（3）汉语史上的情况。

在汉语史中，魏晋南北朝时期曾大量出现"V（O）著L"的格式。例如②：

[1] 以麻绳穿之，五十饼为一贯，悬著户内。（《齐民要术》第363页）

[2] 文若亦小，作著膝前。（《世说新语》第7页）

[3] 妇排其夫，堕著河中。（《杂宝藏经》第458页）

[4] 因倒著水中而饮之。（《世说新语》第910页）

[5] 皆以姜、椒末，及安石榴汁，悉内著酒中，火暖取温。（《齐民要术》第394页）

但到目前为止的研究中，我们未发现汉语史中有"了"充当"V + X + NL"中"X"成分的报告。

（4）"X"的性质。

"V + X + NL"中"X"的性质到底是什么呢？对此作过深入研究的有柯理思（1985）③、梅祖麟（1988）、徐丹（1994、1995）、江蓝生（1994、2001）、袁毓林（2002）、罗自群（2006）、刘翠香（2007）等。关于"X"的性质，学者们的意见不一，有的学者认为是介词，有的学者认为是体标记。

---

① 例句引自刘翠香：《山东栖霞方言虚成分研究》，中山大学博士学位论文，2005年。

② 例句引自张赪：《汉语介词词组词序的历史演变》，北京：北京语言文化大学出版社2002年版，第80页。

③ 柯理思的观点见徐丹：《关于汉语里"动词 + X + 地点词"的句型》，《中国语文》1994年第3期。

　　"介词说"和"体标记说"两种说法着眼角度不同，各有其道理。"介词说"是根据"X"的位置和功能与介词相当而界定的，"体标记说"是根据"X"与同一语言系统内体标记成分形式相吻合而界定的。学者们对其他方言情况的讨论结果我们暂不评论，鉴于可资论证的材料与方法有限，我们对沂水方言"V＋了＋NL"中"了"的性质暂时也难以下一个定论。从目前学界对此问题的研究成果和思路来看，这里的"了"或者为介词，或者为体标记。将"了"定位为介词，格式的意义容易理解；若把"了"看作表示动作完成的体形尾，那么"V＋了＋NL"整个格式的意义就应是"V"这个动作完成于"NL"这一地点上。

　　"V"直接加"NL"这一现象在许多方言甚至普通话里也很普遍。例如：

　　[1] 搁抽屉里。/住城里有什么好啊！/衣服晾外头了。/泼地上一盆水。——普通话（袁毓林，2004：338）

　　[2] 你拿好别掉地上。/他躺床上半天没睡着。——东北官话（尹世超，2004）

　　[3] 搁桌子上吧！/洒地上了。——青岛（以下三地引自钱曾怡等，2001：288－289）

　　[4] 把书放桌子上。/他一直把我送村头上。——莱州

　　[5] 把饭端哪来？/把鸡蛋打碗来。——平度

　　[6] 石头砸头上了。/刀砍木头上了。——河北魏县方言（吴继章，2004）

　　[7] 坐椅子上/挂墙上/关笼子里——江苏泰如片江淮方言（张亚军，2003）

　　[8] 小菜放（勒）台子浪。——苏州（石汝杰，2000）

　　至于"V＋X＋NL"中的"X"，相当部分的汉语方言选择的是与持续体标记相同的语音形式，而有些方言如山东方言却选择了与完成体标记相同的语音形式，我们认为，第一，这说明了汉语中表完成与持续本是两个有密切关系的语法范畴。能进入这一格式的动词不管哪个方言都必须是可持续性动词，可持续性动词动作完成后必然造成持续，若要持续也必须先有动作的完成。至今许多现代汉语方言中的持续标记与完成标记语音形式都是一样的，例如[1]：

　　青海西宁话：把土挖着/坡坡儿上不要去，小心滚着下来了
　　宁夏同心话：家里请着几个阿訇念经着哩/给他给着五块钱着哩
　　湖南吉首话：这段路我们走着四十分钟/住院用着两千块钱
　　安徽岳西话：我吃过饭着/快来看，桃花开着
　　安徽巢湖话：他们两个只做之半边夫妻/衣裳穿之

　　① 材料、例句见罗自群：《现代汉语方言持续标记的比较研究》，北京：中央民族大学出版社2006年版。

江蓝生（2001）也指出①，梅祖麟常举上海话"骑仔马寻马"和"吃仔饭哉"（"仔"即"著"的音借字）作为吴方言"著"兼表持续态和完成态助词的例子，是很正确的。第二，这也证明了汉语史上"了""着"曾经不分的事实。例如王力（1980）②曾指出，宋元时代，"了"和"着"的分工还是不够明确的，有时候，"着"字表示行为的完成，等于现代汉语的"了"字。例如：

[1] 同着殿中侍御史陈师锡共写着表文一道。(《宣和遗事》元集)

　　["写着表文"等于说"写了表文"]

[2] 杨志因等候我了，犯着这罪。(同上)

　　["犯着这罪"等于说"犯了这罪"]

[3] 若不实说，便杀着你。(《三国志平话》卷中)

　　["便杀着你"等于说"便杀了你"]

有时候，"了"字又表示行为的持续，等于现代汉语里的"着"字。例如：

太后指了天曰："您从吾儿求做天子，何得谎说？"(《五代史平话·晋史》)

到了明代，特别是 17 世纪以后，"了"和"着"才有明确的分工。

香坂顺一（1997）认为，"了"和"着"的混用可能是由以下两个意义的交叉引起的：①"着"的意义从到达延长到完了；②"了"不取其完了作时点而以其结果为状态，作为完了的状态来看就是持续。

徐丹（1995）指出："……从《敦煌变文》到近代的《醒世姻缘传》都能发现'的/得'相当于'着'或相当于'了'的用法。……直到今天，长江流域的一些方言仍'了/着'不分。"

以上讨论，只是我们梳理各位学者的先期研究成果对沂水方言"V + 了 + NL"中的"了"为体标记的假设性说法提出的尝试性解释。沂水方言此处的"了"性质究竟是介词、体标记抑或其他，来源是什么，我们还没有充足的论据来下一个明确的论断。

汉语各方言中"V + X + NL"中的"X"性质与来源历来是学者们关注的热点问题，至今也没有统一的定论。对这个问题的研究关系到我们对汉语某些特点如介词词序规律、体标记使用规律及产生机制的重新认识。这一问题值得我们重视和进一步探讨。

---

① 见《吴语助词"来""得来"溯源》，载江蓝生：《近代汉语探源》，北京：商务印书馆 2001 年版。

② 见王力：《汉语史稿》（中册），北京：中华书局 1980 年版，第 311 页。

二、经历体助词

经历体指曾经发生某一动作或行为、存在某一状态，但现在该动作、行为已经不再进行，该状态不再存在。

沂水方言的经历体格式为"V 回儿来"或"V 回儿 O 来"，否定形式为"没 V 回儿"。

1. 肯定形式

例如：

[1] 咱也年轻回儿来。（咱也年轻过。）

[2] 我见回儿乜个人儿来。（我见过这个人。）

[3] 这个么儿我吃回儿来。（这个东西我吃过。）

[4] 我吃回儿榴梿来。（我吃过榴梿。）

[5] 他两家子打回儿仗来。（他们两家吵过架。）

[6] 这把锁就他打开回儿来。（这把锁就他打开过。）

[7] 谁使回儿这个么儿来？（谁用过这个东西？）

[8] 你去回儿来吗？（你去过没有？）

[9] 你借给他回儿钱来吗？（你借过钱给他没有？）

2. 否定形式

例如：

[1] 双喜的烟我没买回儿。（双喜的烟我没买过。）

[2] 这个电视我没看回儿。（这个电视我没看过。）

[3] 乜些蹊跷事儿俺没听说回儿。（这些蹊跷事儿我们没听说过。）

[4] 俺俩人没红回儿脸。（我们两个人没红过脸。）

[5] 我没上回儿北京。（我没去过北京。）

[6] 我没见回儿大海。（我没见过大海。）

[7] 你没听说回儿？（你没听说过？）

[8] 他怎么大小了没洗回儿衣裳？（他这么大了没洗过衣服？）

我们认为，"回儿"应该是来自于动量词"一回儿"的用法。在沂水方言中，

"回儿"是一个表示可以重复出现的事物或可以重复的动作的量词，相当于普通话量词"次"的用法，沂水方言中没有量词"次"，同义的词语只有"回儿"。例如"第二回儿那信你收着了吗""我问了两回儿""他去了好几回儿了"等。

我们认为"回儿"来自于动量词"一回儿"源于两个证据：

第一，否定形式的"V 回儿"全可以说成"V 一回儿"，可以清楚地显示出这里的"回儿"就是"一回儿"。

例如上述句子可以说成：

［1］ 双喜的烟我没买一回儿。（双喜的烟我没买过。）
［2］ 这个电视我没看一回儿。（这个电视我没看过。）
［3］ 乜些跷蹊事儿俺没听说一回儿。（这些跷蹊事儿我们没听说过。）
［4］ 俺俩人没红一回儿脸。（我们两个人没红过脸。）
［5］ 我没上一回儿北京。（我没去过北京。）
［6］ 我没见一回儿大海。（我没见过大海。）
［7］ 你没听说一回儿？（你没听说过？）
［8］ 他怎么大小了没洗一回儿衣裳？（他这么大了没洗过衣服？）

第二，如果经历的动作或事件的次数不止一次，就不能用"回儿"和"来"来表示，而要用表"完成"的"了"。也就是说，如果经历的动作或事件的次数不止一次，沂水方言就不能像普通话那样可以用经历体来表达，而要用完成体来表达。

下列句子在普通话中是成立的：

［1］ 北京我去过三次。
［2］ 我见过那个人两次。

这些句子在沂水方言中是不成立的：

* ［1］ 北京我去回儿三回儿来。
* ［2］ 我见回乜个人儿两回儿来。

若要表达上述意思，在沂水方言中要说成：

［1］ 北京我去了三回儿。
［2］ 我见了乜个人儿两回儿。

由此，我们可以看出沂水方言表经历体的语法标记"回儿"与实词"一回儿"是有密切关系的。

然而"回儿"虽然部分残留了"一回儿"的词汇意义，但它绝对不等同于实词"一回儿"。首先，否定形式的"V回儿"虽然可以说成"V一回儿"，但是换成"V一回儿"有强调"一回儿"即强调"一次也没V"的意味，和"V回儿"不完全对等。另外，肯定形式的"V回儿"是表示某一动作或行为曾经发生过、某一状态曾经存在过，但意思并不是说这种动作、行为或状态只发生、存在过一次。它可能是一次，也可能是多次。其次，在真正的强调式"一回儿也没V"格式中，"V"后可以再加"回儿"，由此可见"回儿"不等于"一回儿"。例如，我们可以说：

［1］我一回儿也没买回儿。（我一次也没买过。）
［2］衣裳他一回儿也没洗回儿。（衣服他一次也没洗过。）
［3］乜些事俺一回儿也没听说回儿。（这些事我一次也没听说过。）
［4］北京我一回儿也没去回儿。（北京我一次也没去过。）

表示经历体的肯定形式必须有"来"，格式为"V回儿来"或"V回儿O来"，否定形式则不能用"来"，格式为"没V回儿"。我们认为，这正是因为"来"是事态助词，针对的是所述的动作或事件的过程，"来"的语法意义是"曾经发生过、存在过"，否定即"没有发生过、存在过"，否定义与"来"本身的语法意义是互相抵触的，所以否定形式不能加"来"。

三、近经历体助词

1. 沂水方言近经历体助词"来"的用法

"来"的另一个用法相当于普通话的"来着"，表示不久前发生过某件事情，所谓"不久前"是说话者的感觉，所指时间不一定很近，可用于陈述句和疑问句中。

（1）用于陈述句，表示不久前发生了某件事。例如：

［1］刚忙儿他还待这来来，怎么一霎儿不见了？（刚才他还在这里来着，怎么一会儿就不见了？）
［2］晌午我赶集去来。（上午我赶集去来着。）
［3］夜来俺大娘来来。（昨天我大娘来了。）
［4］那天时我看着他来。（那天我看见他来着。）
［5］早以来我待机床厂上班儿来。（以前我在机床厂上班来着。）

［6］上年那个桥塌了来，今年又修起来了。（去年那座桥塌了来着，今年又修好了。）

［7］他那病前一抹儿抹儿好了来，这又犯了。（他的病前一阵好了来着，现在又犯了。）

（2）用于疑问句，用来询问或反问不久前发生的事情。

［1］今们儿谁下河涯来？（今天谁去河边了？）

［2］A：你去和恁姥娘告诵倩来□［mã⁰］？（你去向你姥姥投诉倩了吗？）

　　　B：谁告诵她来！（谁投诉她了！）

［3］你做什么来？（你干什么呢？）

［4］恁爷和你说什么来？（你父亲和你说什么了？）

［5］刚忙儿恁大娘来来□［mã⁰］？（刚才你大娘来过吗？）

［6］你不是上城去来□［mã⁰］？（你不是去城里了吗？）

［7］这个录音机毁了来□［mã⁰］？（这个录音机坏了吗？）

［8］他不是好了来□［mã⁰］？（他不是好了吗？）

同普通话的"来着"一样，沂水方言表近经历的"来"也没有否定句。下面的句子是不成立的：

＊［1］俺大娘没来来。

＊［2］我没上城来。

＊［3］今们儿谁没下河涯来？

2. 沂水方言近经历体助词"来"与普通话近经历体助词"来着"的用法对比

与普通话"来着"不一样的是，沂水方言表近经历的"来"比普通话的"来着"应用范围更广。

（1）普通话用"来着"的句子，谓语动词不能用动结式、动趋式，动词前也不能有状态修饰语。① 例如以下句子在普通话中都不能成立：

＊［1］我拿走来着。

＊［2］我拿出去来着。

＊［3］我偷偷地拿来着。

---

① 见吕叔湘主编：《现代汉语八百词》，北京：商务印书馆1980年版，第349页。

但在沂水方言中，表近经历用"来"的句子，谓语动词可以用动结式、动趋式，动词前也可以有状态修饰语。例如：

[1] 我搬进来来。（我搬进来来着。）
[2] 我板整儿的学来，就是没学会。（我认真地学来着，就是没学会。）

（2）普通话用"来着"的句子，前面紧附的谓语动词一般不能是"来"。若谓语动词是"来"，后面紧跟的助词要用"了"或"过"。沂水方言的"来"则不受这个限制。例如下面的话用普通话要这样说：

[1] 昨天我大娘来过。
[2] 昨天我大娘来了。
[3] 刚才你大娘来了吗？
[4] 刚才你大娘来过吗？

而不能说成：

＊ [1] 昨天我大娘来来着。
＊ [2] 刚才你大娘来来着吗？

上述句子在沂水方言中就可以说成：

[1] 夜来俺大娘来来。（昨天我大娘来了。）
[2] 刚忙儿恁大娘来来□[mã⁰]？（刚才你大娘来过吗？）

（3）普通话的"来着"只能用于句中有"谁、什么"的特指问句，不能用于一般问句。①
例如以下句子是成立的：

[1] 谁发言来着？
[2] 他说什么来着？

---

① 见吕叔湘主编：《现代汉语八百词》，北京：商务印书馆1980年版，第348页。

以下句子则不成立：

＊［1］他发言来着吗？
＊［2］他说话没有来着？

沂水方言表近经历的"来"也不受这个限制，既可用于特指问句，也能用于一般问句。上述两个普通话不成立的句子，在沂水方言中可以说成：

［1］他发言来□［ma³¹］？（他有没有/是不是发言来着没有？）
［2］他说话来没价？（他有没有/是不是说话来着？）

3. 沂水方言近经历体貌与经历体貌的对比

与有些方言近经历体貌与经历体貌因为语法标记形式相同而二者无法截然分开的情况相比较，如栖霞方言"我就是睡觉来，看你能把我怎么样"，既能理解成"我就是睡过觉，看你能把我怎么样"，也能理解成"我就是睡觉来着，看你能把我怎么样"（刘翠香，2005），沂水方言中的近经历体貌与经历体貌在形式与语义上都有明确的界限。例如：

［1］我吃回儿苹果来。（我吃过苹果。）
［2］我吃苹果来。（刚才我吃苹果来着。）

上面两个例句，例［1］是经历体，指曾经的经历，例［2］是近经历体，指说话不久前发生的事。二者截然分明。

4. "来"与属性动词搭配的用法

"来"还有一种用法用于疑问句，句中的谓语动词是"叫、姓、属、是"等表示属性的动词，句中不能有表示过去的时间词语，而且也不隐含表示过去时间的词语。例如：

［1］你叫什么来？（你叫什么来着？）
［2］恁几个人儿是哪个厂的来？（你们几个是哪个厂的来着？）
［3］他姓什么来？（他姓什么来着？）
［4］你是属什么的来？（你是属什么的来着？）
［5］那天是几儿来？（那天是几号来着？）

［6］ 这个花是叫红景天来吧？（这个花是不是叫红景天来着？）

［7］ 那句话怎么说来？日头不能长晌午。（那句话怎么说来着？太阳不能长在中午的位置上。）（比喻一件事情不可能永远处在鼎盛的阶段，一个人不可能永远都得意。）

此种用法的"来"与经历事态助词"来"的区别已如我们在上面提到的，句中的谓语动词是"叫、姓、属、是"等表示属性的动词，看起来似乎谓语动词与说话的时间并无关联，当然也不存在经历不经历。但其实我们仔细观察，"来"仍然包含"过去、曾经"的语法意义，谓语动词虽与说话的时间无关联，看起来是一个恒定的动作、属性等，但上述例句无一例外地都包含说话人曾经知道与句子有关的信息，如果从来不曾知晓这些信息，只是单纯的疑问，句子后面绝不能加"来"。上述例句如果要表达单纯的询问，必须换成：

［1］ 你叫什么？（你叫什么？）

［2］ 恁几个人儿是哪个厂的？（你们几个是哪个厂的？）

［3］ 他姓什么？（他姓什么？）

［4］ 你是属什么的？（你是属什么的？）

［5］ 那天是几儿？（那天是几号？）

香坂顺一（1997）认为"来"是"表示回想的语气的助词"，这个观点放在"来"的所有用法上似乎并不合适，"来"最核心的语法意义是"曾经经历"，但在这一用法的"来"中，说它同时带有"回想"的语法意义就是正确的。

普通话中的"来着"也有这类用法，例如[1]：

［1］ 今儿个是什么日子来着？（京剧《桃花扇》）

［2］ 真媳妇假媳妇我也不知道，叫吴什么来着？（王朔《一半是火焰一半是海水》）

［3］ 李缅宁在旁边坐下，偏过头斜眼问："你是哪厂的来着？"（王朔《无人喝彩》）

张谊生（2002）认为这里的"来着"不像是一个时制助词，即不表示过去的时间，而像是一个表示委婉语气的语气词。我们认为，这里的"来着"与沂水方言的"来"语法意义和用法其实是一致的，并非不表过去。说其表"委婉"也似太过笼统与不够精确，说表"回想"似更接近意义本质。

5. 关于"来"的来源探讨

那么，沂水方言中表经历体貌的"来"与表近经历体貌的"来"是什么关系，

---

① 例句摘自张谊生：《助词与相关格式》，合肥：安徽教育出版社 2002 年版，第 70 页。

它们与近代汉语中的"来"又是什么关系呢？

我们先来看一下近代汉语中"来"的使用情况及学界的研究结论。

刘坚等（1992）认为"来"的语法意义，"在于指明一个事件，一个过程是曾经发生过的，是过去完成了的。在句子里使用助词'来'，是给句子所陈述的事件、过程加上了一个表示'曾经'的标志"。"来"在初唐前后就产生了"事态助词"的用法，并在晚唐五代广泛使用。两宋时期助词"来"继续大量使用，用法上也有一些新发展。元代"来"仍广泛使用，而且与其他助词连用的情况明显增多。明代以后，"来"的使用呈减少的趋势。估计在清代初期前后，出现了与"着"结合构成的双音词"来着"。在现代汉语普通话中，"来"就消失了，"来着"保留了下来，但现在它的使用只限于表示"短时的过去"。

我们认为，沂水方言中表经历体貌的"来"与表近经历体貌的"来"的来源就是近代汉语表"曾经"的事态助词"来"。

与刘坚等认识不同，我们认为近代汉语中的"来"不是只表"曾经"，到了"来着"才表"短时过去"，而是它本来就有两种用法：表"曾经"与表"短时过去"。

请看例句①：

[1] 琛曾拜官，诸宾悉集，峦乃晚至。琛谓峦："何处放蛆来，今晚乃顾？"（《北史·甄琛传》卷四〇）

[2] 比丘前后从空飞下，遂至五六十人，依位坐乞，自相借问：今日斋时，何处食来？（《侯君素旌异记》，《太平广记》卷一〇〇）

[3] 责曰："阿父何处饮来？凌晨岜峨。"（《谈薮》，《太平广记》卷一七三）

[4] 师一日问雪峰："作甚么来？"雪峰云："斫槽来。"（《瑞州洞山良价禅师语录》，《大正藏》卷四七）

[5] "送师兄去来？"对曰："送了也。"（《药山》，《祖堂集》卷四）

[6] 多是今日被知县责罚来？（《三现身包龙图断冤》，《警世通言》第十三卷）

[7] 西门庆道："我当先曾许下他来。"（《金瓶梅词话》）

以上句子，时代包括自五代至明。句中的"来"与其说是表示"曾经"，不如说是表示"短时过去"，即不久前的经历更恰切。例［1］"何处放蛆来"、例［3］"阿父何处饮来"、例［4］"作甚么来""斫槽来"、例［5］"送师兄去来"句中没有时间词，但根据语境我们可以明确地知道询问与回答的都是不久前如何，例［2］［6］［7］三句表示"短时过去"的语义更显豁，因为句中有明确的时间词，这里的"来"我们认为从语义、语感与逻辑上都无法解释为"曾经"，解释为"不久前做过什么"

---

① 例句转引自刘坚等：《近代汉语虚词研究》，北京：语文出版社1992年版，第122–127页。

才符合语义与逻辑。若用现代汉语来对译，以上句子都只能翻译成"来着"。

有趣的是，刘坚（1992：127）说："'来着'产生初期的语义仍是表示曾经，与'来'完全相同。所以，在十八世纪六十年代朝鲜人编辑《老乞大新译》时，就把《老乞大谚解》中的大部分助词'来'，换成了'来着'。

"我在汉儿学堂里，学文书来。（老乞大谚解）

"我在中国人学堂里，学书来着。（老乞大新译）。"

我们认为，这个现象说明的不是"来着"初期的语义是表曾经，"来着"等同于"来"，正相反，它说明了"来"一直的语义就是"来着"，"来"等同于"来着"。

"来"表"来着"的这种用法在沂水方言中得到了完整的保留，它没有如普通话那样变成"来着"，且语法化的程度相当高。

四、进行、持续体助词

汉语体貌系统中的"进行"与"持续"，不少学者将其合在一起，也有学者主张分开，如彭小川（2003）认为，虽然"进行"与"持续"之间有联系，但也有区别：首先，两者观察的视角不同，"进行"是将动作或事件进程中的某一时点作为观察点，不注重该动作或事件是否一直在持续或是否持续下去，而"持续"则着眼于动作或时间的整个过程；其次，许多方言严格区分"进行"与"持续"，"进行"与"持续"各有不同的表达方式，有些甚至是对立的。在沂水方言中，"进行"与"持续"能区分，但界限不像有些方言那样泾渭分明，两者在语义上有关联，形式标记上也有交叉，"进行"与"持续"的体标记同为"着"。本节我们将其一起讨论。

1. 进行、持续体助词"着"的用法与分布

"着"是表进行、持续体貌意义的助词，只能位于动词的后面，表示动作状态的持续或与时间副词"大配"和"正"共现表示动作正在进行。

表进行的例如：

［1］俺正商议着。（我们正在商量。）
［2］你打电话的时候，我和恁妈正说着这个事儿。（你打电话的时候，我和你妈正说着这个事儿。）
［3］我大配吃着。（我正吃着。）
［4］我大配炒着菜，你先坐一霎儿。（我正炒着菜，你先坐一会儿。）

"大配"是一个时间副词，相当于"正"。与"正"不同的是，"大配"只表动作的进行，"正"则既可以表示动作的进行，也可以表示状态的持续。

表持续的有下列几类格式：

（1）V+着+O：

[1] 他手来□［nuã³¹］着个节溜龟儿。（他手里攥着个知了猴。）
[2] 小妮子天天描着眉儿，画着粉儿。（小妮子天天描着眉儿，画着粉儿。）
[3] 冰冰抱着娃娃不撒手儿。（冰冰抱着娃娃不松手。）
[4] 墙上还贴着对子。（墙上还贴着对联。）
[5] 小辉低溜着头，就是不搭腔。（小辉低着头，就是不说话。）

"着"紧附在动词后，"着"后带宾语。V为"动态"或者"动静态兼备"的光杆动词，主语可为施事、受事或处所词，表示动作本身的持续。

（2）V+着：

[1] 门开着，屋来没人儿。（门开着，屋里没人。）
[2] 菜待筐头子来搁着。（菜在筐子里放着。）
[3] 你就待这来站着，别挪窝。（你就在这里站着，别离开。）

（3）V+着+VP：

[1] 他好蹲着吃饭。（他总是蹲着吃饭。）
[2] 别趴着困觉。（别趴着睡觉。）
[3] □［tɕʰiə¹³］着看书早晚得近视眼儿。（躺着看书早晚得上近视眼。）

这类"V+着"表示动作所伴随的方式，V只能用"动态与静态情状兼备"的动词，而不能出现纯动态动词。如普通话可以说"他哭着说"，在沂水方言里须用"一□［mə̃³¹］……一□［mə̃³¹］……"格式，"他一□［mə̃³¹］哭一□［mə̃³¹］说"。

根据语义，持续可以细分为两类：一是动作本身的持续，二是动作行为所形成的状态的持续。用于第一类意义的动词主要是持续义动词，包括介于动态与静态之间的姿势动词如"坐、捧、拿、写、站、□［tɕʰiə¹³］躺、蹲"等；用于第二类意义的动词主要为瞬间义动词如"开、挂、吊、包、穿、戴、锁、印、装、刻"等。两类动词加"着"后强调的持续点不同，第一类强调动作的持续，第二类强调动作完成后状态和结果的持续。

2. 进行、持续体助词"着"的来源

目前学界已有的共识是表持续体貌的助词"着"来自表"附着"义的动词

"着"。有的学者更明确地认为助词"着"来源于中古时期的介词"着"。如江蓝生（2001）指出，助词"著"来源于动词"著"的"附著"义。六朝前后，当"著"用在静态义的动词后面时，其义相当于介词"在、于"，如"取一绛裙，挂著屏风上"。当"著"用在动态义的动词后面时，相当于介词"到"，如"先担小儿，度著彼岸"。静态动词后面的"著"进一步虚化为持续体助词。

关于沂水方言早期的语言面貌，因我们手头缺乏材料，无从推断。现今的语言事实是，如上文所描述的，用在动词后相当于介词"在、到"的成分是"了"而不是"着"。所以沂水方言进行、持续体形尾"着"的具体演化路径我们暂不能断言。根据语义的相关，"着"来自于表"附着"义的动词"着"应是可以肯定的。

需要说明的是，表"附着"义的动词如"他天天不着家他天天不待在家里""这个病着人这个病传染人"中的"着"在中古音韵中的地位是知母宕摄开口三等药韵，助词及动相补语"着"在中古音韵中的地位是澄母宕摄开口三等药韵。在今沂水方言中，中古知庄章组字声母分为两种读法［ts］与［tʂ］，其中知组开口三等字读为［ts］。但助词及动相补语"着"却是一个唯一不合规律的例外，声母读为［tʂ］。我们认为以下几个思路可以解释这一现象：①知庄章组在现今的普通话与许多方言中是合流的，若合流是代表语音变化发展较快的趋势，则沂水方言中形尾及动相补语"着"读为［tʂ］说明沂水方言的知庄章组也在向着合流的方向走，高频使用的虚词自然率先发生变化。②张树铮先生认为，中古的知庄章组本就是合流的且读为［tʂ］，分读是后起的。假如张先生的观点成立，那么知组开口三等字的其他字读为［ts］，助词及动相补语"着"读为［tʂ］就是"着"在读轻声时发生的与历史音变方向相左的逆向音变现象。"当一个音节读轻声时很容易发生与历史音变方向相左的逆向音变现象，如清音浊化、舒声促化等。"① ③排除历史音变的影响，一个音节在读轻声时语音形式发生变化本是正常规律。

3. 与进行、持续体有关的"待这/那/乜来"

"待这/那/乜来"是表示处所的介词短语，有时可以表示进行体意义，但"待这/那/乜来"或多或少还保留处所义，不是一个虚化的助词。"待这/那/乜来"表示进行体意义时往往要与副词"大配、正"共现。例如：

［1］桥底下一伙老头子大配待那来打牌儿。（桥底下一伙老头子正在打牌儿。）
［2］这来有俩人待这来打仗。（这里有两个人在打架。）

以上两句"待这/那/乜来"主要强调的是动作正在进行，处所义很微弱。但

---

① 见《语法化程度的语音表现》，载江蓝生：《近代汉语探源》，北京：商务印书馆 2001 年版。

"待这/那/乜来"表示进行体意义受到诸多限制，远不如副词"大配"使用的范围广。

下面几种情况必须用"大配"或"大配待这/那/乜来"，不能单用"待这/那/乜来"。

（1）表示情状的进行。例如：

［1］他大配肚子疼，没法去了。（他正肚子疼，没法去了。）

＊［2］他待这/那/乜来肚子疼，没法去了。

（2）谓语前面有介词短语时。例如：

［1］我大配往回走，你等我一霎儿呗。（我正往回走，你等我一会儿吧。）

＊［2］我待这/那/乜来往回走，你等我一霎儿呗。

［3］她大配待屋来做饭。（她正在屋里做饭。）

＊［4］她待这/那/乜来待屋来做饭。

（3）在作为被参照时间的语言片段中时。例如：

［1］你刚忙儿吆喝我时，我大配上茅房。（你刚才喊我的时候，我正在上厕所。）

＊［2］你刚忙儿吆喝我时，我待这/那/乜来上茅房。

上述句子可以用"大配"或"大配待这/那/乜来"，但不能单用"待这/那/乜来"。这也说明了"待这/那/乜来"表示进行体意义的程度不高。

表示处所的介词短语虚化为体标记在现有的语言里是非常普遍的现象，其虚化的方式是通过由空间意义过渡到时间意义。例如湖南涟源六亩塘的"害嗯哩""到嗯哩"（"嗯哩"为中指"那儿"的意思）已经完全虚化，既能放在动词前标记进行体，也能置于谓词性结构之后标记持续体（伍巍、李立林）；惠州方言的"在□［niaŋ⁵⁵］/□［koi⁵⁵］"可以用在动词或动词短语前表示动作进行，"□［niaŋ⁵⁵］""□［koi⁵⁵］"意思分别为近指和远指的"这"与"那"（陈淑环，2006）；广州话用不分远近的"系度/处"兼表进行体与持续体（彭小川，2003）；福建永定客家话"在甲欤/在这欤"可用在动词性词语之前，表示动作行为或情况在持续或进行（李小华，2006）；山东栖霞方言的"待乜儿/这儿"可以出现在动词或动宾结构的后面表示动作行为所形成的状态或整个谓语部分所述情况的持续（刘翠香，2005）；汕头方言"在块"放在谓词前表进行，放在谓词后表持续（施其生，1995），等等。

但处所词语在每个方言中虚化的程度并不一致，有的已经完全虚化成体标记，有的词汇意义比较实，尚未完全虚化成真正的体标记；有的只能标记持续体或进行体，有的不仅能标记进行体，还能标记持续体。沂水方言的"待这/那/乜来"在这之中是虚化程度较低的一个类型，它只能标记进行体，不能同时标记持续体，即使标记进行体，使用频率也没有副词"大配"高，在使用上受到较多限制。它只能被看作一个有时表示体意义的介词短语而不能看作助词。

五、起始体助词

起始体表示动作行为或变化的开始。

沂水方言表示起始体貌的助词为"开"。"开"在沂水方言中可作动词，有很多义项，如：

[1] 开门！（开门！）
[2] 花开了。（花开了。）

也可用作结果补语，例如：

[1] 开开门！（开开门！）
[2] 开开电视看看新闻上说什么。（打开电视看看新闻上说什么。）
[3] 把提包拿开！（把提包拿开！）

表示起始体貌，例如：

[1] 天冷开了。（天开始冷了。）
[2] 枣红开了。（枣开始红了。）
[3] 树叶子变红开了。（树叶子开始变红了。）
[4] 小孩儿□［çiɑ⁵⁵］开了。（小孩哭起来了。）
[5] 你怎么做开了买卖？（你怎么做起了买卖？）
[6] 恁营道喝开了？（你们已经开始喝了？）

普通话也有表示"开始"的助词"开"，沂水方言的"开"与普通话不同的是：
（1）普通话"开"只能黏附在光杆动词后，动词后不能有宾语，沂水方言的"开"可以黏附在动宾短语之后。例如，沂水方言可以说：

[1] 下雨开了。（开始下雨了。）
[2] 他俩人打仗开了，你快去拉拉。（他们两人打起架来了，你快去劝一下。）

［3］客还没来的，他就喝酒开了。（客人还没来，他就开始喝酒了。）
［4］俺割麦子开了。（我们开始割麦子了。）
［5］场院来演电影儿开了。（场院里开始演电影了。）

（2）与普通话"开"的另一点不同是，普通话若句中有表示起始的副词"开始"，就不能再在动词后加"开"。例如，普通话不能说：

＊［1］天开始冷开了。
＊［2］枣开始红开了。
＊［3］天开始下雪开了。

但在沂水方言中，即使用了副词"开始"，动词或动宾短语之后也必须要加"开"。例如：

［1］天开始冷开了。（天开始冷了。）
［2］枣开始红开了。（枣开始红了。）
［3］天开始下雪开了。（天开始下雪了。）
［4］俺开始割麦子开了。（我们开始割麦子了。）
［5］场院来开始演电影儿开了。（场院里开始演电影了。）
［6］你怎么开始做开了买卖？（你怎么做起了买卖？）
［7］恁营道开始喝开了？（你们已经开始喝了？）

（3）若动词是"开"，普通话后面不能黏附"开"，沂水话则可以。例如，沂水方言中可以说：

［1］火车开开了。（火车开起来了。）
［2］车开开了就凉快了。（车开起来就凉快了。）

在普通话中，这类句子只能用"起来"不能用"开"。
综上所述，"开"在沂水方言中的虚化程度比普通话要高，是一个成熟度较高的体助词。
沂水方言起始体的否定形式为"没开始 V"，例如：

［1］天还没开始冷。
［2］枣还没开始红。
［3］俺没开始喝。

这点与普通话相同，不多赘言。

普通话表示起始体貌的语法标记除了"开"，还有"起来"。沂水方言中也有"起来"，但沂水方言中的"起来"不能用作起始体的标记。沂水方言的"起来"可以用作：

（1）动词。

动词"起来"有三个意思"睡醒起床；让人站起来；走开"。前两个意思普通话也有，后一个意思是沂水方言独有的。例如：

[1] 别坐着了，快起来去迎迎恁舅姥爷去。（别坐着了，快起来去迎一下舅公。）

[2] 今早晨四点不到我就起来了。（今天早晨不到四点我就起床了。）

[3] 你起来，我不愿看着你！（你走开，我不愿看见你！）

（2）趋向动词。

和普通话一样，"起来"还可以用在动词后面，表示动作的趋向。例如：

[1] 衣裳我挂起来了。（衣裳我挂起来了。）

[2] 胳膊那天磕着了，抬不起来了。（胳膊那天摔着了，抬不起来了。）

[3] 你看看能把这个麻袋提溜起来了吧？（你看看能不能把这个麻袋提起来？）

这一类动词所表示的动作的结果是使物体从低处向高处提升，在空间意义上非常明显。例如：

[1] 他跟着人家去短路，叫公安局逮起来了。（他跟着人家去抢劫，被公安局逮起来了。）

[2] 他一进门儿就叫绑起来了。（他一进门就被绑起来了。）

[3] 我想不起来了。（我想不起来了。）

[4] 一个人开饭店是开不起来。（一个人开饭店确实开不起来。）

[5] 钱我存起来了。（钱我存起来了。）

[6] 包袱叫我收收起来了。（包袱被我藏起来了。）

上述动词所表示的动作不会造成事物随动作由上而下，只表示动作完成，兼有聚拢或达到一定目的和结果的意思。① 这两类动词所带的"起来"可以用在肯定句、否定句和疑问句中。V 和"起来"中间可以加"不"表示可能。

---

① 参见吕叔湘主编：《现代汉语八百词》，北京：商务印书馆 1980 年版，第 141 页。

据太田辰夫（1987）考证，普通话用"起来"表示动作的开始早在五代就可以见到了。它的来源就是趋向动词"起来"，由空间域转为时间域，意义由具体到抽象。陈秀兰（2004）也对"起来"进行了考察，认为"起来"为准时态助词，从《朱子语类》开始，"起来"就虚化为表示起始状态的准时态助词了。沂水方言的"起来"只从动词走到了趋向动词这一步，没有进一步虚化为具有时间意义的起始体助词。我们认为导致这个现象的原因主要是沂水方言中有专职的起始体助词"开"，且这个"开"发展得已经相当成熟，"起来"缺乏虚化的条件，因此至今为止只能保持实在的趋向义。

与沂水方言的"起来"一样只保留空间趋向意义而没有虚化为体助词的还有汕头方言（施其生，1996）、惠州方言（陈淑环，2006）等。在另一些方言如栖霞话、浚县话、林州话中，"起来"则已经成为标准的体助词。

另外，在沂水方言中，始终没发展出"继续体"这一范畴。沂水方言中的"下去"如"起来"一样，只能作动词和趋向动词。"起来"虽没发展成起始体标记，沂水方言却有其他标记（"开"）用来标志，起始体是一个成熟的范畴。继续体则到现在为止都没有专门的标记，暂时也看不出哪个词语有虚化的迹象与可能，在沂水方言中"继续"的意义要么用词汇手段要么用其他体貌方式来表达。

王力（1980）[①] 认为表起始的"起来"始于元代，例如：

[1] 恐怕火盆内有小炭延烧起来。（《水浒》第10回）
[2] 倘或路上与小人蹩拗起来，杨志如何敢和他争执得。（同上第16回）
[3] 那对过众军汉见了，心内痒起来。（同上）

而"下去"的表示情貌的用法，是由于"起来"的类化。它的起源最晚（《红楼梦》中还没有），在《儿女英雄传》才发现用"下去"表示继续貌的例子。如：

[1] 便静静儿的听他唱下去。（第38回）
[2] 底下要只这等一折折的排下去，也就没多的话说了。（第38回）
[3] 待要隐忍下去……天长日久……更不成事。（第30回）

太田辰夫（2003）分别举出了宋代和明代的例子。例如[②]：

---

① 参见王力：《汉语史稿》（中册），北京：中华书局1980年版，第312－313页。
② 参见太田辰夫著，蒋绍愚、徐昌华译：《中国语历史文法》（第二版），北京：北京大学出版社2003年版，第199、203页。

[1] 自傅说方说起来。(《朱子语类》9)

[2] 待得再新整顿起来，费多少力？(《朱子语类》8)

[3] 乃至两事俱全，年貌又不相称了，以此蹉跎下去。(《闲云庵阮三偿冤债》，《喻世明言》第四卷)

[4] 敢则从这一顿起，一念吃白斋，九牛拉不转，他就这么吃下去了。(《儿女英雄传》第21回)

也就是说，继续体发展晚于起始体。刘丹青（1996）[①] 从东南方言的情况来看，认为"方言的情况证实了起始体普遍发展早于继续体"，他认为在某些方言中，"起来"或其同义形式似比"下去"或其同义形式虚化程度深，如广州话，甚至只有前者可作体标记，另如汤溪吴语、泰和赣语等。北方方言中的沂水话的情形也证实了刘先生的想法。

六、先实现体助词

所谓先实现体，是指在进行下一个动作或事件之前，让某一动作或事件先实现。从语义上说，先实现的动作或事件发生并完成的时间总是先于后续动作或事件发生的时间，因此有些学者又将其称作"先行体助词"，曹志耘（2004）称此为"后置词"。我们将其称为先实现体助词。在沂水方言中，先实现体助词用"着 $[tʂɔ^0]$"来表示。

1. "着"的句法环境和意义

"着"可以出现在句末，也可以出现在句中；依附的成分可以是谓词性成分，也可以是表示将来的时间名词。在不同的句法环境中，"着"的意义和用法有细微差别。下面逐一对其出现的句法环境进行考察。

（1）"着"出现在句中，构成"X 着 VP"格式。例如：

[1] 你回来着我再走。(你回来以后我再走。)

[2] 你做完作业着再去玩。(你做完作业以后再去玩。)

[3] 雨停了着再出去。(雨停了以后再出去。)

[4] 恁爷爷老了着保险岗着聒噪人。(你们爷爷老了的时候一定很烦人。)

[5] 你上城赶集着给我捎二斤肉。(你去城里赶集的时候帮我捎二斤肉。)

[6] 八月十五着我领你上公园儿。(等到中秋节我带你去公园。)

[7] 你生日着我给你买。(你生日的时候我给你买。)

---

① 参见刘丹青：《东南方言的体貌标记》，载张双庆主编：《动词的体》，香港：香港中文大学中国文化研究所吴多泰中国语文研究中心1996年版。

上述句子"着"前的成分有谓词性的,如例[1]至例[5],也有名词性的如例[6]、例[7]。这类句式表示的意义为 VP 如果要实现要等 X 实现以后。

(2)"着"出现在句末,构成"X 着"格式。例如:

[1] A：给我块糖吧。（给我块糖吧。）

      B：你赶我叫声姐姐着。（你管我叫声姐姐再给你。）

[2] A：快走吧。（快走吧。）

      B：我先喝口水着。（我先喝口水再走。）

[3] A：咱吃饭吧。（我们吃饭吧。）

      B：等恁哥哥回来着。（等你哥哥回来再吃。）

[4] A：你还不家走□ [mã⁰]？（你还不回家吗?）

      B：再玩儿一霎儿霎儿着。（再玩一会儿再回去。）

[5] A：你还不快做寒假作业□ [mã⁰]？（你还不快做寒假作业吗?）

      B：明日着。（明天再做。）

上述句子"着"前的成分有谓词性的,如例[1]至例[4],也有名词性的,如例[5]。这类句式只用于对话体的答话中。出现的语境一定是在以下的对话中:说话者 A 要求 B 做某事,B 用"着"句来说明若要他做就必须先让另一件事情实现。因为结果是说话人 A 已经说的、刚刚说的,所以根据语言的经济原则,B 在作答时不必再重复结果。这类"着"句可以看作是省略句。因是省略隐含,这类句子全部可以补出隐含的结果部分。例如,上述例[1]至例[5]的"着"句可以分别说成"你赶我叫声姐姐我才给你糖""我先喝口水才走""等恁哥哥回来才吃饭""再玩儿一霎儿霎儿才家走""明日再做寒假作业"。

由于"着"前后的两个动作或事件有时间上的先后关系,而时间关系句往往含有条件关系①,因此"着"类句有时还可以理解为表示条件,即 X 是 VP 实现的先决条件,如例[1]。但究其本质,"着"的核心意义在于"先让某情况实现再发生另一情况",时间的先后关系是它的本质意义。

2. "着"的来源

在沂水方言自身的系统内,表先实现体的助词"着"与表附着义的动词"着"或表进行持续体的助词"着"、动相补语"着"等在语义上看不出有什么关联。我们认为,它们应是语音形式相同的异源成分。

表先实现体的"着"在近代北方话中就存在了。例如:

---

① 见吕叔湘:《中国文法要略》,北京:商务印书馆 1982 年版,第 406 – 429 页。

［1］这短命，等得我苦也！老娘先打两个耳刮子着！（《水浒传》第 21 回）

［2］那妇人便道："怪行货子，且不要发讪，等我放下这月琴着。"（《金瓶梅》第 27 回）

［3］（书童）说："姐，你休鬼混我，待我扎上这头发着！"（《金瓶梅》第 31 回）

［4］使不得，先把你们家这点儿礼完了着。（《儿女英雄传》第 40 回）

［5］（天色已晚，歇息去罢）张二说："我等爹睡了着去。"（《聊斋俚曲集·墙头记》）

［6］江老爷差官往来常走，得罪他着，叫俺有死无活！（《聊斋俚曲集·增补幸云曲》）

3. 先实现体助词在其他方言中的情况

"着"的这种用法，在全国许多方言点都存在，如高福生、王晖、张林、马文忠、丁崇明、荣晶、张树铮、谢留文、李蓝、萧国政、刘笛、曹志耘、杨永龙、丁加勇、邢向东、罗自群等学者都对此作过考察探讨。① 各地的语音形式会有差别，但格式与语法意义是如出一辙的。它的分布区域遍及胶辽官话、中原官话、兰银官话、西南官话、江淮官话、晋语、湘语、赣语、客话等，下面我们看一下部分方言点的例子:②

中原官话：

［1］你想翻天，太阳从西天出来咧着。——陕西户县

［2］停一会儿着。——商州杨家塬

［3］别慌，吃饱了着。——山西洪洞

［4］等我走一回寺上着。——宁夏同心

兰银官话：

甲：娃子啥时候结婚呢？

乙：房子盖好了着。——宁夏中宁

---

① 参考资料见本书参考文献。

② 引自邢向东：《论现代汉语方言祈使语气词"着"的形成》，《方言》2004 年第 4 期。

西南官话：

［1］甲：交养路费吧?

　　　乙：你把上个月的余额还我着。——武汉

［2］莫忙，等我洗洗手着。——昆明

晋语：

［1］甲：你不是说好给我买车子勒么?

　　　乙：等你考上大学着。——陕西神木

［2］不用忙，等考完试着。——陕西吴堡

［3］你先甭说，你听他说完着。——山西太原

［4］甲：你给咱来炒一炒菜。

　　　乙：看完这张报纸着。

赣语：

尔将聲庚啊，吃了饭着。［你这么不听话，等吃完饭（看我不……）!］——江西南昌蒋巷

　　学者们对以上"着"性质的分析，有下列几种说法：①是"再说"的合音；②是祈使语气词；③是先时助词或先时语气词。以上几种说法我们认为，第一，"着"显然不是"再说"的合音，"着"与"再"的来源完全不同，而且从语义与词性上也讲不通，这点前贤已有辩驳，我们不再赘言。第二，表示祈使是由句式、语境带来而非"着"所负担的。第三，认为"着"是先时助词的说法与我们的观点比较接近，但"先时"的说法只是强调了两个事件发生的时间顺序，"着"的"实现"意义没有凸显。"着"不仅有时间上的先后，同时还有"实现"的体意义。"先实现体"助词是对"着"更全面的概括。

　　综上所述，我们将沂水方言的体貌系统整理如下表所示。为了更好地看到它与普通话及相近方言的异同，更清晰地看出沂水方言的体貌系统在汉语发展史中的位置，我们同时列出与它相近的西鲁片方言中的临沂方言、胶辽官话东莱片中的栖霞方言及

普通话的体貌情况。①

	普通话	沂水方言	临沂方言	栖霞方言
完成体	了	了	了	□［ə］/儿
已然体	了	了	了	了
经历体	过	（回儿）来	（回儿）来	过/来
近经历体	来着	来	来	来勒
进行体	正在/着	大配/着	配/着	搁（着、跟）这儿/乜儿
持续体	着/呢	着	着	勒/□［ə］/待乜（这）儿/唻
起始体	起来	开	开	起来/开
继续体	下去			下去/下
短时貌	VV/V一V/V一下	VV	VV/V下	VV
尝试貌	VV看	VV看看	VV看看/V下看看	VV看看
先实现体		着	着	□［xin］/再

　　由上表我们可以看到，沂水方言的体貌系统标记与普通话异多于同，与临沂方言和栖霞方言同多于异且各有纠缠。这至少可以让我们得出以下两点结论：第一，普通话与北方方言之间的差异不是如同我们所想象的那样小；第二，沂水方言虽属胶辽官话，但毕竟已处于胶辽官话的最边缘地带，处于胶辽官话（东潍片）和冀鲁官话（西鲁片）的交界处，语言特征便带有与两种方言交叉的痕迹。在语音上，它毫无疑问地属于胶辽官话；在语法（指体貌系统）上，却更多地具有与西鲁片方言相同的特征。

第二节　结构助词

　　关于现代汉语的结构助词，刘月华等（1983）的定义是"结构助词的作用是把词语连接起来，使之成为具有某种句法结构关系的短语"，黄伯荣、廖序东在他们主编的《现代汉语》中将结构助词定义为"主要表示附加成分和中心语之间的结构关系"，邢福义（1997）认为"结构助词起表明结构关系的作用"，张斌、范开泰（2002）也说"结构助词，顾名思义是在某种句法结构中帮助造句（形成某种句法结

---

　　① 　之所以选取栖霞方言作为胶辽官话的比较点，一是因为栖霞本身的地理位置与语言情况决定了它可以作为胶辽官话（东莱片）的代表方言，二是目前我们能见到的对胶辽官话的语法有深入细致描写的当属栖霞方言（刘翠香，2005）。表中所用的栖霞方言的材料参考刘翠香（2005）。

构）的助词，即起表明结构关系的助词”。

这些定义从内涵上来说都是比较宽泛的，都着眼于“结构助词是表明语言成分之间结构关系的一类助词”，但在外延上，多数论著倾向于作比较严格的限定，典型的结构助词一般只有三个——“的”“地”“得”。

根据以上结构助词的定义以及沂水方言本身的实际情况，我们在本节讨论的结构助词也限于与现代汉语典型的结构助词相对应的成分。

沂水方言的结构助词系统比较简单，成员主要有“的”。

普通话的结构助词“的”“地”“得”语音形式为［tə］，在沂水方言中，结构助词的语音形式为［ti］，我们将其统一书写为“的”。“的”的用法与普通话基本相同，可以附着在名词、动词、形容词、代词等词类的后面，作定语、状语和补语的标记。例如：

［1］我的鞋（定语标记）
［2］他生我的气（定语标记）
［3］翻箱倒柜的找了好几遍（状语标记）
［4］舒坦的困了一觉（状语标记）
［5］说的怪好听（补语标记）
［6］拾掇的怪板整儿（补语标记）

根据“的”的语法意义和语法功能，我们将其分为“的₁”“的₂”“的₃”。沂水方言的“的₁”“的₂”“的₃”分别与普通话的“的”“地”“得”用法大体相似，因此本节我们对沂水方言“的”的描写比较简略，仅对不同之处详加描述。

1. 的₁

定语标记，是用在定中短语修饰语和中心语之间的一个辅助性连接成分。修饰名词性成分的“的”字结构，有些可以在句子里代替整个偏正词组。例如：

［1］把我的给我拿过来。（把我的给我拿过来。）
［2］这是谁的？（这是谁的？）
［3］这个包儿是俺哥哥的。（这个包是我哥哥的。）

2. 的₂

状语标记，在状中短语中主要用在谓词性、副词性等词语后面。例如：

［1］你慢儿慢儿的说。（你慢慢地说。）
［2］他急急火火的走了。（他匆匆忙忙地走了。）
［3］我好其拉歹的给他缝了两针。（我随便给他缝了两针。）
［4］小孩儿哇儿哇儿的叫□［kʰuã⁰］开了。（小孩哇哇地哭起来了。）

3. 的₃

补语标记，在动补短语中主要用在谓词性词语和主谓短语的前面表示状态和程度。例如：

［1］这回儿把他使的不轻。（这次把他累得不轻。）
［2］他把他妈气的掉眼泪。（他把他妈气得掉眼泪。）
［3］蒜叫我□［tθʰã⁴²］的焦黏了。（蒜被我砸得非常黏了。）
［4］衣裳□［tʰa⁵⁵］的乔臭。（衣服被汗浸得很臭。）

"的₃"还可以用于某些形容词或动词的后面，"的"后不出现任何成分，表示程度之深或动作行为之剧烈。例如：

［1］你看把你能的！（你看把你有本事的！）
［2］你看把他烧的！（你看把他自我感觉良好的！）
［3］你看把他忙的！（你看把他忙的！）
［4］你看你把屋来踢蹬的！（你看你把屋里糟蹋的！）
［5］你看你吃的！（你看你吃的！）

这里的"的"，我们认为它依然是补语标记，只是补语省略了而已。补语之所以没有出现，是因为这类句子一般是在说话人和听话人同时在场看见的、不需多说都能明白的现场语境中说的。而且这类句子表达的都是一种强烈谴责、不满的情绪，表达这类情绪，语言越简洁效果越好。因此，表达这类语义的结构便成为一种没有补语的动补结构。

另外，普通话的"得"还可以用在谓词性成分和结果补语、趋向补语之间，表示动作结果或动作趋向的可能性，沂水方言的"的₃"则不能用于表示可能。例如普通话可以说"住得下""拿得动""吃得了"，沂水方言的"的"却不能这样用，表达这一意义要用能性助词"了"，上述例句要说成"住开了""拿动了""吃了了"。

目前的研究认为，现代汉语的"的"是从宋代起，基于语音的变化，由"底"

"地"改写来的。[①] 沂水方言"的"的来源与形成年代我们暂时无法确定，但是"的"的发音除却声调变为轻声以外，声母、韵母与"底""地"依然相同，为[ti⁰]，而不是普通话的[tə⁰]。"的"这一语音形式应是中古"底""地"用法的遗留。

"的"在沂水方言中还有一种用法，即用于句尾，表达一种强调、肯定的语气。例如：

[1] 俺不想吃饭的。（我不想吃饭。）
[2] 我怪难受的。（我很不舒服。）
[3] 俺怪想去的。（我很想去。）
[4] 我试着怪热的。（我觉得很热。）

上述例句中，"的"字不是用以构成一个名词或副词、形容词的结构，即使去掉也不影响句子的完整性和语义，也就是说它不是一个结构助词，而是一个语气助词，只是用于表达一种强调和肯定的语气。这种用法的"的"是普通话所没有的。

第三节　语气助词

语气助词是指附加在句尾表示语气的一类助词，有时候也附加在短语上。语气助词与被附加成分没有句法关系，只给被附加成分增添一种语气意义。语气助词和语气副词都表示说话人一定的主观因素。两者最大的不同是语法功能，语气副词在句中作状语，而语气助词在句中不充当任何句法成分。

关于汉语语气词的分类，胡明扬（1988）认为现代汉语语气词的语气意义系统由陈述（包括肯定、不肯定、强调、当然）、祈使（包括祈使、命令）、疑问和感叹四种语气组成，并指出语气词叠用的顺序规则：结构语气词（"的""了"）＋辅音语气词（"吧""吗""嚜""呢"）＋元音语气词（"啊""哎""呕"）。

贺阳（1992）根据形式与意义相结合的原则，将语气词分为功能语气、评判语气和情感语气三大类。其中功能语气包括陈述、疑问、祈使和感叹语气；评判语气包括认知、模态、履义、能愿语气；而情感语气则包括诧异、料定、领悟、侥幸和表情语气。

齐沪扬（2002）将语气分为功能语气和意志语气两类。前者以"表示说话人使用句子要达到的交际目的"为依据，包括陈述、疑问、祈使和感叹语气；而后者以

---

① 见刘坚等：《近代汉语虚词研究》，北京：语文出版社1992年版，第143页。

"表示说话人对说话内容的态度或情感"为依据，包括可能、能愿、允许、必要和了悟语气。

从以上先贤对汉语语气的研究角度和成果可以看到，传统的对语气的看法是将语气定义为陈述、疑问、祈使和感叹四种，目前研究的范围都是在从个别语气助词扩大到句末的语气助词的系统，再扩大到语气副词、叹词、助动词、语调等领域，相当于一个语气范畴的研究，尤其是贺阳（1992）和齐沪扬（2002）所说的"语气词"都不再局限于"句末语气助词"上，而是一个"大语气词"的概念。

本文的语气助词指的是传统的语气助词。

根据沂水方言的实际情况，我们把语气助词按语气类型分为五类：陈述、疑问、祈使、假设、停顿。

本节按类型对它们进行描写分析。

一、陈述语气助词

1. □［lã⁰］

用在陈述句末尾，是已然体助词兼语气助词，表示"事情发生了变化或出现了新情况"，同时表达一种加强肯定的语气。例如：

[1] 他早走□［lã⁰］。（他早走啦。）
[2] 外头下雨□［lã⁰］。（外头下雨啦。）
[3] 恁怎么才来啊？俺都包完包子□［lã⁰］。（你们怎么才来啊？我们都包完饺子啦。）
[4] 桃花营道开□［lã⁰］。（桃花已经开啦。）
[5] 天明□［lã⁰］。（天亮啦。）
[6] 亚丽胖□［lã⁰］。（亚丽胖啦。）
[7] 这回儿行□［lã⁰］，甭争□［lã⁰］。（这回儿行啦，甭争啦。）

2. 来［lɛ⁰］

用在陈述句末尾，指明事实而略带夸张，相当于普通话的"呢"。

[1] 俺白搭，人家才厉害来。（我不行，人家才厉害呢。）
[2] 这个小孩儿才孬来。（这个小孩儿才不好呢。）
[3] 你还怪喜人来。（你还挺可笑呢。）
[4] 水还方古热来。（水还很热呢。）

［5］香椿芽还争鲜来。（香椿芽还非常鲜呢。）

［6］他爷爷早来霎还当回儿副县长来。（他爷爷以前还当过副县长呢。）

［7］我还没搭腔来，你先甭撮急。（我还没说话呢，你先别着急。）

［8］这个么还怪好吃来。（这个东西还挺好吃呢。）

［9］他还会开飞机来。（他还会开飞机呢。）

［10］石头上还有字来。（石头上还有字呢。）

［11］亏了你还是个当老师的来，还和人家骂阵。（亏你还是个当老师的呢，还和人家对骂。）

［12］还大学生来，写那字儿和螃爬的似的。（还大学生呢，写的字像螃蟹爬的似的。）

［13］你三百五，我才三百二来。（你三百五，我才三百二呢。）

这里的"来"［lɛ⁰］，本字即是"这里那里"的"里"。

吕叔湘在20世纪40年代初撰写的《释景德传灯录中在、著二助词》一文中就普通话中不表疑问语气的"呢"的来源有过精到的论述，吕先生认为现代北京话及若干方言的语助词"呢"即来源于唐宋时期的"在""里""在里"。吕先生说："……唐人多单言在，以在概里；宋人多单言里，以里概在。里自俗书多简作里。本义既湮，遂更著口。传世宋代话本，率已作哩，或宋世已然，或后人改写，殆未易定。……此哩自今留存于北方多处方言中，而北京语及其他若干方言则不曰 li 而曰 ne，字作呢。……可知此呢即哩之变形，而哩又源于在里。……"

沂水方言的语气助词"来［lɛ⁰］"便是唐宋之际语助词"里"用法的遗留。

3. 是

"是"是"就是"的意思，跟在谓词性成分或小句后面，构成"VP是"的结构，表示没有条件限制，尽管去做。动词前面常有副词"情（尽管）"搭配使用。

［1］我这使不着，你情使是。（我现在用不着，你尽管用就是。）

［2］你走是，甭管他。（你走就是，别管他。）

［3］你先吃饭是，他来了着再说。（你先吃饭就是，他来了的时候再说。）

［4］恁先把恁那个干完了着是，俺后儿后儿不碍事儿。（你们先把你们那个干完了就是，我们在后面等等不要紧。）

［5］愿去就去是，甭神思一些。（愿意去就去呗，不用想太多。）

［6］打就打是，谁还怕谁？（打就打呗，谁还怕谁？）

4. □［nə̃⁰］／□［nə̃⁰］□［xə̃⁰］

用在陈述句末尾，指明事实且带有强烈的不愉快、不耐烦、不满意等情绪。普通话里没有相应的词语来对译，勉强可译为"呢"。

［1］俺大配使着□［nə̃⁰］。（我正在用着呢。）

［2］我说了，他就是不听□［nə̃⁰］。（我说了，他就是不听呢。）

［3］大配下着雨□［nə̃⁰］□［xə̃⁰］，你出去咋？（正在下着雨呢，你出去干什么？）

［4］旁人几子没空儿□［nə̃⁰］□［xə̃⁰］，你又来找事儿？（别人本来就没空呢，你又来无事生非。）

［5］还散步儿，跑□［nə̃⁰］！（还散步，跑呢！）

二、祈使语气助词

1. □［pɛ⁰］

用在祈使句末尾，表示命令、请求、催促、建议等，相当于普通话的"吧"。例如：

［1］快吃□［pɛ⁰］，别拉摊子□［lã⁰］。（快吃吧，别长篇大论地聊天啦。）（催促）

［2］咱待家来吃□［pɛ⁰］，别出去了。（咱们在家里吃吧，别出去了。）（建议）

［3］十点了，困觉去□［pɛ⁰］。（十点了，睡觉去吧。）（建议/催促）

［4］什么□［pɛ⁰］，给他四百就行了。（什么吧，给他四百就行了。）（建议）

2. □［hã⁰］

用在祈使句末尾，表示催促、叮嘱等。

［1］你别忘了吃药□［hã⁰］。（你别忘了吃药。）（叮嘱）

［2］这回儿回去可得好好听话儿□［hã⁰］。（这次回去可得好好听话。）（叮嘱）

［3］你千万地别喝酒了□［hã⁰］。（你千万别喝酒了。）（叮嘱）

［4］你快写□［hã⁰］。（你快写。）（催促）

［5］你麻利起□［hã⁰］。（你赶紧起床。）（催促）

［6］你抓紧给人送去□［hã⁰］。（你抓紧给人家送去。）（催促）

3. □ $[t\theta\mathfrak{o}^0]$

用在祈使句的末尾，邀请对方与自己一起去做某事，句中的主语必须由包括式代词"咱"来担当，不能使用其他人称代词。例如：

[1] 咱家走□ $[t\theta\mathfrak{o}^0]$。（咱们回家吧。）

[2] 咱赶集去□ $[t\theta\mathfrak{o}^0]$。（咱们赶集去吧。）

[3] 咱去看恁姥娘去□ $[t\theta\mathfrak{o}^0]$。（咱们去看你姥姥去吧。）

[4] 咱上小卖部儿去买火腿肠儿去□ $[t\theta\mathfrak{o}^0]$。（咱们去小卖部买火腿肠去吧。）

4. 来

用在祈使句的末尾，请求对方为自己做某事。

[1] 玉玉，背个唐诗来。（玉玉，背首唐诗吧。）

[2] 莲莲，唱个歌给咱听来。（莲莲，唱首歌给我们听吧。）

[3] 给俺块糖来。（给我们块糖吧。）

[4] 给我那只鞋来。（给我那只鞋吧。）

[5] 老板，来盘儿土豆丝儿来。（老板，来盘土豆丝。）

[6] 给我把书包递过来来。（给我把书包递过来。）

这个"来"的来源，我们认为应是动词"来"。沂水方言中动词"来"与普通话"来"的意思基本一致，表示"从别的地方到说话人所在的地方"，趋向动词表示动作朝着说话人所在地，例如"恁姑来了""书我给你送来了"。这里的语气助词"来"虽然词汇意义已非常微弱，主要表示一种抽象的"请求别人为自己做某事"的意义，但我们认为这种抽象意义应该是也只能是由"从别的地方到说话人所在的地方"这一词汇意义高度虚化而来的。

三、疑问语气助词

1. □ $[m\tilde{a}^0]$

用在是非问句句末，为了验证对方的意图或已经说过的话，相当于普通话的"吗"。例如：

[1] 下雨了□ $[m\tilde{a}^0]$？（下雨了吗？）

[2] 都几点了，你还不做饭□［mã⁰］？（都几点了，你还不做饭吗？）

[3] 你还真要打我□［mã⁰］？（你还真要打我吗？）

[4] 你想上北京□［mã⁰］？（你想去北京吗？）

[5] 他不吃芫荽□［mã⁰］？（他不吃芫荽吗？）

[6] 恁明日不去了□［mã⁰］？（你们明天不去了吗？）

还有一种情况是用于反问，例如：

[1] 你情□［tɕʰiu⁵⁵］了家来能行□［mã⁰］？（你一直憋在家里怎么能行呢？）

[2] 你就愿意一辈子当个下力的工人□［mã⁰］？（你就愿意一辈子当个出苦力的工人吗？）

[3] 天天玩儿也能考上大学□［mã⁰］？（天天玩也能考上大学吗？）

2. □［nã⁰］

用于疑问句句末，相当于普通话的"呢"。例如：

[1] 怎么正好的就住了院□［nã⁰］？（怎么突然就住了院呢？）

[2] 我怎么没听他说□［nã⁰］？（我怎么没听他说呢？）

[3] 那个豆枕□［nã⁰］？（那个枕头呢？）

[4] 我那手套子□［nã⁰］？（我的手套呢？）

3. □［pa³¹］

□［pa³¹］是用于反复问句句末的疑问词。我们认为，应是"不 + ［a］"的合音。主要针对判断、意愿、事实或性质等情况进行询问，所询问的情况是未然的。例如：

[1] 他去□［pa³¹］？（他去不去？）

[2] 你愿意□［pa³¹］？（你愿不愿意？）

[3] 她长得好看□［pa³¹］？（她长得好不好看？）

[4] 外头凉快□［pa³¹］？（外头凉不凉快？）

[5] 你吃饭□［pa³¹］？（你吃不吃饭？）

[6] 恁上学校□［pa³¹］？（你们去不去学校？）

[7] 咱给他钱□［pa³¹］？（咱给不给他钱？）

[8] 你会棉被子□［pa³¹］？（你会不会缝被子？）

[9] 他是李主任□［pa³¹］？（他是不是李主任？）

[10] 你认得他□［pa³¹］？（你认不认识他？）

[11] 恁去喝酒□［pa³¹］？（你们去不去喝酒？）

[12] 你上菜市场买馒头□［pa³¹］？（你去不去菜市场买馒头？）

4. □［ma³¹］

□［ma³¹］是用于反复问句句末的疑问词。我们认为，应是"没 +［a］"的合音。主要针对领有、存在、完成、经历等情况进行询问，询问的情况是已然的。例如：

（1）询问领有情况。

[1] 你有洗衣粉□［ma³¹］？（你有没有洗衣粉？）

[2] 这户儿的螺丝恁有□［ma³¹］？（这样的螺丝你们有没有？）

（2）询问存在情况。

[1] 董大娘还有□［ma³¹］？（董大娘还在不在？）

[2] 恁爸爸待家来□［ma³¹］？（你爸爸在不在家？）

[3] 橡皮待你那来□［ma³¹］？（橡皮有没有在你那里？）

（3）询问完成、经历情况。

[1] 恁吃了饭了□［ma³¹］？（你们吃饭了没有？）

[2] 他来了□［ma³¹］？（他来了没有？）

[3] 结婚的么儿都置办好了□［ma³¹］？（结婚的东西都置办好了没有？）

[4] 这本儿书你看来□［ma³¹］？（这本书你看过没有？）

5. □［pɔ³¹］

用于疑问句句末，表推测。

[1] 是他□［pɔ³¹］？（可能是他吧。）

[2] 佯巧了是□［pɔ³¹］？（或许是吧。）

[3] 他来了□ [po³¹]？（他可能来了吧。）

[4] 他把那箱酒拿走了□ [po³¹]？（他把那箱酒拿走了吧。）

[5] 恁婶子过闺女家去了□ [po³¹]？（你婶子去看女儿去了吧。）

6. □ [hã³¹]

表示心中有一定猜测，而且基本肯定事情是如此的，用询问来证实。语义大致相当于"……，是吧？"

[1] 那个苹果你吃了□ [hã³¹]？（那个苹果你吃了是吧？）

[2] 恁爸爸把钱拿走了□ [hã³¹]？（你爸爸把钱拿走了是吧？）

[3] 是你去下的舌□ [hã³¹]？（是你去告的状是吧？）

[4] 这话儿是你说的□ [hã³¹]？（这话儿是你说的是吧？）

[5] 瞎的那把剪子是他偷的□ [hã³¹]？（丢的那把剪刀是他偷的是吧？）

四、停顿语气助词

1. □ [hã⁰]

"□ [hã⁰]"有多种功能，其中有一种是用在主语后，表示停顿。"□ [hã⁰]"重读时表示一般陈述，引起说话人注意自己要说的内容，轻读时表示评论且带有不屑的色彩。

[1] 他□ [hã⁰]，就好发神经。（他啊，就喜欢发神经。）

[2] 恁姨夫□ [hã⁰]，就乜样儿啊，你甭预耳他。（你姨夫啊，就那样，你不用理他。）

[3] 人家老王□ [hã⁰]，这回儿发了财了。（人家老王啊，这次发了财了。）

[4] 他那闺女□ [hã⁰]，生了个小孩儿是豁嘴。（他女儿啊，生了个孩子是兔唇。）

[5] 俺那厂长□ [hã⁰]，那天叫车撞杀了。（我们厂长啊，那天被车撞死了。）

2. 起来

沂水方言的"起来"可以作动词和趋向动词，虚化后作停顿语气助词。例如：

[1] 上医院一查起来，还是食道癌。（去医院一查，还是食道癌。）

［2］我出去起来，他早蹿了圈。（我出去，他早跑没人了。）

［3］我摸摸他那头起来，烫人。（我摸摸他的头，他的头烫人。）

［4］我叫他去浇浇园，他起来，打牌去了。（我叫他去菜园浇水，他却打牌去了。）

［5］来了一屋的客，俺爷起来，睡觉去了。（来了一屋的客人，我父亲却睡觉去了。）

［6］我还□［pʰəŋ⁵⁵］怕雪莲吃不上饭，人家雪莲起来，早坐了席上去了。（我还担心雪莲吃不上饭，人家雪莲却早坐到酒席上去了。）

五、假设语气助词

1. □［nã⁰］

用在假设小句的末尾，相当于"……的话"，构成的格式为"VP1□［nã⁰］，VP2"。例如：

［1］你要不去□［nã⁰］，我就去。（你要不去的话，我就去。）

［2］你要出去玩□［nã⁰］，就把门锁上。（你如果出去玩的话，就把门锁上。）

［3］对咱好□［nã⁰］，咱就多待两天；对咱不好，咱就回来。（对我们好的话，我们就多待两天；对我们不好，我们就回来。）

［4］你是个男人□［nã⁰］，就把钱支上。（你是个男人的话，就把钱拿上。）

［5］你愿意听□［nã⁰］，我就多说两句。（你愿意听的话，我就多说两句。）

"□［nã⁰］"在这里的功能除了表示假设，还表示停顿，用在句中停顿处。

2. □［mã⁰］

用在假设句的末尾，意思为"（如果能）……就好了"，有完句的功能，表达一种符合自己理想的愿望。例如：

［1］这场雨要是早几天下□［mã⁰］。（这场雨要是早几天下就好了。）

［2］这个衣裳要是再贱二十块钱□［mã⁰］。（这件衣服如果再便宜二十块钱就好了。）

［3］这霎儿要是能睡上一觉□［mã⁰］。（现在如果能睡上一觉就好了。）

［4］要是有个烧鸡□［mã⁰］。（如果有个烧鸡就好了。）

［5］敢子我能去□［mã⁰］。（如果我能去就好了。）

小　结

综上所述，沂水方言的助词有以下特点：

（1）沂水方言的体貌助词中，经历体与近经历体助词"来"保留了中古汉语的用法，依然处在较早的时代层次；"着"既表进行又表持续，尚未虚化为助词的介词短语"待这/那/乜来"只表示进行体不表示持续体，语法化程度还很低；起始体助词用"开"不用"起来"，继续体尚未发展出专门的体貌标记；先实现体助词"着"可以出现在句末，也可以出现在句中，依附的成分可以是谓词性成分，也可以是表示将来的时间名词，表示一个动作或事件的发生先于另一个动作或事件。

（2）沂水方言的结构助词语音形式为［ti⁰］，应是中古"底""地"用法的遗留。

（3）沂水方言的语气助词按语气类型分为五类：陈述、疑问、祈使、假设、停顿。这些语气助词大多为沂水方言特有的词汇，体现出一定的地方特色。

（4）沂水方言虽属胶辽官话，但毕竟已处于胶辽官话的最边缘地带，处于胶辽官话（东潍片）和冀鲁官话（西鲁片）的交界处，语言特征带有与两种方言交叉的痕迹。在语音上，它毫无疑问地属于胶辽官话；在语法（指体貌系统）上，却更多地具有与西鲁片方言相同的特征。

第六章　介词特点

介词是起介引作用的一类词，按照施其生（2000）的说法，"介词是一种结构性的虚词，其语法意义体现为结构上的作用，这就是黏附在名词性成分的前面，使得被黏附的成分得以和它后面或前面的谓词性成分发生关系。表现在句法上，就是组成介词结构作状语或补语。'介引'是介词的共同意义；不同的介词则有具体意义上的差别，表现为所介引的对象不同"。

汉语的介词绝大多数是由动词虚化而来的，但每个介词虚化的程度不一样，有的介词还明显带有动词的语法特征和语义特征，甚至有些还是动、介两用。动、介如何划界，区分标准我们参照陈昌来（2002）：

（1）动词可以作谓语或谓语中心，介词不能。

（2）动词可以单独成句或单独回答问题，介词不能。

（3）动词可以没有宾语，或者宾语可以提前，介词必须有宾语，宾语不能提前。

（4）动词一般可以后附"着、了、过"表示动态，介词一般不能，或者即使后附"着、了、过"，也不表示动态。

（5）动词可以重叠，介词不能。

（6）动词可以用肯定、否定并列形式提问，介词不能。

（7）动词词义实在，介词词义虚灵。

沂水方言的介词与普通话有着相似的语法特征和来源，根据语义功能的不同，可分为表时间处所、表施事受事、表关涉对象、表工具方式、表原因目的五大类。这五大类里面再细分为18小类。

若与普通话作个粗略的对比，可得情况如下表：

沂水方言与普通话介词比较表

介词类别		沂水方言	普通话	二者共有
时间处所	1. 所在	守着、待、了①	当着、在	
	2. 起点	打、从	打、从、自、自从	打、从
	3. 经由	捋着、顺着	从、沿着、沿、顺、顺着、经、经过	顺着
	4. 方向	朝、望、照、照着、对着	往、朝、朝着、向、向着、照、照着、对着	朝、照、照着、对着
	5. 终点	了②	到	
	6. 距离	隔着	离、距、距离	
施事受事	7. 施事	叫	被、叫、让、给	叫
	8. 受事	把	把、将	把
关涉对象	9. 关涉	给、问	对、对于、关于、至于、给	给
	10. 替代	替	替	替
	11. 协同	和	和、跟、同、与	和
	12. 比较	比	比	比
	13. 包括	连	连、连……带……	连
	14. 排除	除了	除、除了、除开、除去	除了
工具方式	15. 工具	使	用、拿	
	16. 依据	照着、凭、趁着、附就（着）	趁、趁着、按、按着、照、照着、按照、依、依照、据、依据、根据、凭、凭着、靠、尽、尽着、任、由、任由	照着、凭、趁着
原因目的	17. 原因	盖、为	由于、因为	
	18. 目的	为	为、为了	为

---

①② 这里的"了"我们认为不是介词，放在这里只是为了说明沂水方言表达这一意义所用的形式。

第一节　沂水方言的各类介词

一、介引处所时间的介词

（一）表所在的介词

1. 守着 ［səu⁵⁵tʂɔ⁰］

表示事件发生的处所，后面所跟的宾语为人，表示当着某人的面。宾语可以是表人的称谓的名词，也可以是人称代词等。例如：

[1] 乜俩人守着老的就佛开了骨碌子。（这两个人当着父母的面就扭作了一团。）
[2] 我守着他娘就撸了他一通好的。（我当着他妈就训了他一通好的。）
[3] 守着人别说自己家来的事儿。（当着别人的面不要讲自己家里的事情。）
[4] 守着怎么些人咱把话儿说明白。（当着这么多人的面我们把话说清楚。）
[5] 我守着小东就把安平熊了一顿。（我当着小东的面就把安平批评了一顿。）
[6] 守着他别说恁嫂子的不是。（当着他的面不要说你嫂子的错误。）

2. 待 ［tɛ⁵⁵］

介引表处所的名词或名词性结构，只能位于动词前，意思相当于普通话的"在"。例如：

[1] 我待面粉厂上班儿。（我在面粉厂上班。）
[2] 他爷们儿待家来打牌儿。（他们父子在家里打牌。）
[3] 我待北京上大学。（我在北京上大学。）
[4] 别待沙发上跳。（别在沙发上跳。）
[5] 他还待医院来住院□［mã⁰］？（他还在医院里住院吗？）
[6] 他没待屋来困觉。（他没在屋里睡觉。）

（二）表所从的介词

打〔ta⁵⁵〕/从〔tsʰiuŋ⁴²〕

沂水方言的"打"和"从"与普通话的用法基本相同。二者都可以既引进时间，又引进处所。

[1] 我打/从东旁儿过来的。（我从东边过来的。）

[2] 你打/从第二行儿开始抄。（你从第二行开始抄。）

[3] 他打/从小儿就怪臆正。（他从小就很固执。）

[4] 打/从上年他就情咳嗽。（从去年起他就老是咳嗽。）

[5] 她打/从过了年到这，就一天也没出去干活儿。（她从过了年到现在，就一天也没出去干活。）

（三）表所向的介词

1. 朝〔tsʰɔ⁴²〕/望〔uaŋ³¹〕

"朝""望"都侧重于引进纯表方向的成分。"朝/望 + 方位词语/处所词语"组成的介词结构用在动词之前，可以作状语，表示动作行为的方向或处所。例如：

[1] 你朝/望里站站，别堵了门口儿下。（你往里站一站，别堵在门口那里。）

[2] 别朝/望那旁儿看！（别往那边看！）

[3] 一下雨我就快朝/望家跑。（一下雨我就赶紧往家跑。）

[4] 我大配朝/望回走。（我正在往回走。）

[5] 我看着他朝/望学校那旁儿去了。（我看见他往学校那个方向去了。）

与普通话的"往"相比较，沂水方言"望"组成的介词结构不能位于动词之后作补语，只能放在动词前面作状语。下列普通话的句子①，沂水方言必须将介词结构放在动词前才成立。

普通话：

[1] 队伍浩浩荡荡开往前线。

[2] 大批器材运往三门峡工地。

---

① 北京大学中文系编：《现代汉语虚词例释》，北京：商务印书馆1996年版。

沂水话：

[１] 队伍浩浩荡荡望前线开。
[２] 大批器材望三门峡工地运。

2. 照［tsɔ³¹］／照着［tsɔ³¹tʂɔ⁰］

表示动作行为的方位或处所，用于动词之前。

[１] 他照着他那脸就呼了一耳巴子。（他照着他的脸就扇了一耳光。）
[２] 照腚给了他一脚。（照着屁股给了他一脚。）
[３] 照着腰抢了一巴棍子。（照着腰抢了一棍子。）

3. 对着［tuei³¹tʂɔ⁰］

表示动作行为的方位或处所，用于动词之前。

[１] 他对着瓶子嘴儿就喝开了。（他对着瓶子嘴儿就喝开了。）
[２] 电风扇不能情对着脸吹。（电风扇不能一直对着脸吹。）
[３] 对着头烤谁受得了？（对着头烤谁受得了？）

"照/照着""对着"侧重于引进具体事物所代表的方向。

（四）表经由的介词

捋着［ly⁵⁵tʂɔ⁰］／顺着［suə³¹tʂɔ⁰］

两个词均表示人或事物经过的路线，相当于普通话的"沿着"。例如：

[１] 你捋着地堾子走。（你沿着地堾走。）
[２] 你捋着河涯边走，走到一个桥间就到了。（你沿着河边走，走到一个桥那里就到了。）
[３] 小猫儿捋着墙根儿跑了。（小猫沿着墙根跑了。）
[４] 我捋着院墙种了一溜豆子。（我沿着院墙种了一行豆子。）
[５] 猫得顺着毛摩弄。（猫得顺着毛抚摸。）
[６] 他就会顺着旁人那话儿打捋么活。（他就会顺着别人的话随声附和。）
[７] 雨顺着屋檐往下淌。（雨水顺着屋檐往下流。）

（五）表距离的介词

隔着［kei⁵⁵tʂɔ⁰］

引进空间距离和时间距离，表示两者在空间上和时间上的差距。例如：

[1] 恁隔着恁姥娘家多么远儿啊？（你们离你姥姥家多远？）

[2] 这来隔着徐家洼还有二里路。（这里离徐家洼还有二里路。）

[3] 俺隔着他精近面。（我们离他很近。）

[4] 隔着过年还有十拉天儿。（离过年还有十来天。）

[5] 今们儿隔着恁姥娘生日还有正好半个月。（今天离我姥姥生日还有刚好半个月。）

二、介引施事受事的介词

在沂水方言里，引进施事和受事的介词都很单一，分别只有一个："叫"和"把"。

1. 叫［tɕiɔ³¹］

现代汉语普通话或方言里，引进施事的介词（被动句的标记成分）通常是由表示"给予"义、"遭受"义或"容许"义的动词虚化而来的，不同的方言表示这些意义的动词不一定来自古代汉语中相同的词，但正如施其生先生（2000）所言"语源不同的成分在不同的方言里不约而同地走了同样的演变路线，形成了有趣的平行现象"。普通话里有四个可以引进施事的介词"被""叫""让""给"，它们分别是由表示"遭受"义的"被"，"容许"义的"叫"和"让"，"给予"义的"给"虚化而来的，形成了多源并存并用的现象。跟普通话相比，沂水方言里引进施事的介词只有一个，由表示"容许"义的"叫"虚化而来。

"叫"在普通话中也用，但使用频率远比不上"被"字。和"被"相比，普通话中的"叫"一般不直接用在动词前。沂水方言的"叫"差不多涵盖了普通话"被""叫""让""给"四个介词的用法。有时，被介引的施动者不需要说出或无法说出时还可以省略，"叫"直接用在动词前。例如：

[1] 我叫他好气来。（我被他气坏了。）

[2] 叫你说的，我都不愿看了。（让你说的，我都不愿看了。）

[3] 你自己去，别叫他知道。（你自己去，别让他知道。）

[4] 他叔叫石头砸着头了。（他叔叔被石头砸到头了。）

[5] 他刚家来又叫叫走了。（他刚回到家又被叫走了。）

[6] 我叫吓了一跳。(我被吓了一跳。)

[7] 腿叫磕破了,小孩没磕着。(腿被摔破了,小孩没摔到。)

沂水方言的"叫"字被动句大多含有不如意的意思,有时可以用在一些表中性意义的句子中,一般不能用在表示积极意义的句子中。

2. 把〔pɔ³¹〕

沂水方言引进受事表示处置意义的介词为"把〔pɔ³¹〕"。我们根据其语法意义与普通话的对应,把这个介词写为"把",但它的来源是否与"把"相同,我们暂时还不能肯定。沂水方言中也有表示"手持"义的动词"把"以及量词"把",这两类词的意义、用法及读音形式都与普通话的"把"一样。动词的用法如"把小孩儿尿尿""小孩晚上把一磨儿就行了",量词的用法如"一把笤帚""一把菠菜/大米/筷子""一把没拉住,掉下去了"等,这些地方"把"的语音形式都为〔pa⁵⁵〕,声调为上声。但在作表处置义的介词时,"把"的韵母及声调都与动词、量词的"把"不同,韵母为〔ɔ〕,声母为去声。

为统一及行文方便起见,我们仍将沂水方言的介词"〔pɔ³¹〕"写为"把"。"把"的用法与普通话基本相同。例如:

[1] 他把我那本子□〔lɛ⁵⁵〕了。(他把我的本子撕了。)

[2] 你想把恁妈气杀□〔mã⁰〕?(你想把你妈气死吗?)

[3] 吃了饭管几儿不知道刷碗,把腚一翘,就走了。(吃完饭从来不知道洗碗,把屁股一抬,就走了。)

[4] 把腿抬抬!(把腿抬一抬!)

[5] 我把菜择好了,你去洗洗。(我把菜择好了,你去洗洗。)

[6] 我把那个手镯子还给他了。(我把那个手镯子还给他了。)

三、介引关涉对象的介词

1. 给〔tɕi⁴²〕

"给"有动词和介词两种用法,作动词时,表示"使对方得到"或"使对方遭受"等意义。例如:

[1] 他给了我两块月饼。(他给了我两块月饼。)

[2] 给他点儿苦受受。(给他点儿苦受受。)

作介词的"给"用法与普通话的"给"基本相同，可以引进交付、传递的接受者，引进动作的受益者及受害者。例如：

[1] 那块布我拿给俺大姑子姐了。（那块布我拿给我大姑姐了。）
[2] 她把小孩儿□［tʂuei⁵⁵］给了她婆婆。（她把小孩儿扔给了她婆婆。）
[3] 他借给我两千块钱。（他借给我两千块钱。）
[4] 把锄递给我。（把锄头递给我。）
[5] 他把宅子输给了四眼儿。（他把房子输给了四眼儿。）
[6] 学生送给我一个茶杯。（学生送给我一个茶杯。）

"给"作介词与普通话不同的是，当"给"字介词短语用在动词后，动词同时还带宾语时，普通话可以把"给"字介词短语放在宾语后，如"借了两千块钱给我""送了一个茶杯给我"等，而沂水方言里的"给"字介词短语则不能出现在宾语后。

2. 和［hɔ³¹］

与普通话作介词的"和"用法基本相同。根据《现代汉语八百词》，普通话中的"和"有四种用法，其中有三种用法沂水方言与之基本相同，另一种用法沂水方言里不使用。

（1）表示共同、协同。例如：

[1] 我和俺姐姐一块儿上城来。（我和我姐姐一起上城来着。）
[2] 我没和俺班儿来那些人儿一块走。（我没和我班里那些人一起走。）

（2）指示与动作有关的对象。例如：

[1] 你和他打仗了□［mã⁰］？（你和他吵架了吗？）
[2] 你去和老师请个假。（你去和老师请个假。）

（3）用来表示比较的对象。例如：

[1] 我和他哥哥一样大。（我和他哥哥一样大。）
[2] 这小孩儿长的和他奶奶一般一样儿。（这小孩长得和他奶奶一模一样。）

普通话的"和"还表示与某事物有无联系，例如"今天的事就和你们有关""他和我没关系，他的事我不管"，沂水方言里的"和"无此用法。

3. 问 [uə̃³¹]

表示动作行为关涉的对象，相当于普通话的"向"。例如：

[1] 我问他要了两片儿感冒药。（我向他要了两片感冒药。）
[2] 笔待恁哥哥那来，你去问他要去。（笔在你哥哥那里，你去向他要去。）
[3] 你怎么情问家来要钱啊？（你怎么老是向家里要钱？）
[4] 他大学毕了业，就不问家来要钱了。（他大学毕业了，就不向家里要钱了。）

4. 替 [tʰi³¹]

引进动作行为受益的对象。例如：

[1] 我替他值了一天班儿。（我替他值了一天班。）
[2] 老师替他把学费支了。（老师替他把学费交了。）
[3] 他替我说了半天好话儿。（他替我说了半天好话。）

5. 比 [pei⁵⁵]

引进比较对象，用于比较性状和程度。例如：

[1] 他比我大。（他比我大。）
[2] 他比刚来的时候胖的胖来。（他比刚来的时候胖多了。）
[3] 他比我高二指还多。（他比我高二指还多。）

6. 连 [liã⁴²]

表示动作行为或事态变化包括的对象或方面。例如：

[1] 这样的事儿还用教□ [mã⁰]？连嘲巴都懂得。（这样的事儿还用教吗？连傻子都知道。）
[2] 连他爷娘都不戏和他来往。（连他父母都不愿和他来往。）
[3] 连你他都没给个信儿啊？（连你他都没给个信儿吗？）
[4] 他连天老爷也不搁了眼来。（他连老天爷都不放在眼里。）

7. 除了 [tsu⁴²lɔ⁰]

引进排除对象，与普通话的"除了"用法相当。例如：

[1] 这间屋除了小点儿，旁的没毛病。（这间屋除了小点儿，别的没毛病。）

[2] 除了星期，旁的日子儿他都待这来卖。（除了星期天，别的日子他都在这里卖。）

[3] 除了他，旁人办不出乜样儿的事儿来。（除了他，别人办不出这样的事来。）

[4] 除了下雨下雪，他天天出去卖菜。（除了下雨下雪天，他天天出去卖菜。）

[5] 除了修电视，我还会修摩托。（除了修电视，我还会修摩托。）

[6] 今年俺庄来有俩学生考上了大学，除了赵娟，还有韩婷婷。（今年我们村里有两个学生考上了大学，除了赵娟，还有韩婷婷。）

[7] 人事儿不干，除了看电视就是打牌儿。（正经事儿不干，除了看电视就是打牌。）

[8] 小月孩儿除了吃就是睡。（没满月的婴儿除了吃就是睡。）

普通话的"除了"可以跟"外""以外""之外"等构成框式结构"除了……外/以外/之外"，沂水方言的"除了"没有这一用法。

四、介引工具方式的介词

1. 使 $[ʂ^{55}]$

"使"是由"使用"义虚化而来的，在沂水方言中，"使"作动词的用法还很常见。例如：

[1] 我使了半天劲儿也没砸开。（我用了半天劲儿也没砸开。）
[2] 这两个手机我都使着。（这两个手机我都在用。）

作动词用法的"使"的宾语只能是具体的工具和材料，不能是人。宾语若是人，动词要用"用"。例如：

人老了就没用的了。（人老了就没用了。）

作介词的"使"也只引进具体的工具和材料。例如：

[1] 你使匙子□ $[ua^{55}]$，别使筷子□ $[tɔ^{213}]$。（你用勺子舀，别用筷子夹。）
[2] 下茶得使开水，你不泡不开。（沏茶得用开水，否则泡不开。）
[3] 使爬豆面儿炸丸子好吃。（用豌豆面炸丸子好吃。）
[4] 山埝儿来这还使牛耕地。（山区现在还用牛耕地。）

2. 照着 ［tsɔ³¹tʂɔ⁰］

用来引进依据或标准。例如：

　［1］你照着我这个褂子铰。（你照着我这个上衣剪。）
　［2］我这是照着葫芦画瓢。（我这是照着葫芦画瓢。）
　［3］照着他说的办就是。（照着他说的办就是。）

3. 凭 ［pʰiŋ⁴²］

用来介引行为、动作所依据的或借助的事物、条件或理由。例如：

　［1］你凭什么管人家？（你凭什么管人家？）
　［2］就凭他这点儿本事，我看着是够呛。（就凭他这点儿本事，我觉得很悬。）
　［3］凭本事吃饭，管到哪来也不丢人。（凭本事吃饭，不管到哪里也不丢人。）
　［4］他不就凭他爷是书记□［mã⁰］？（他不就凭他爸爸是书记吗？）

4. 趁着 ［tsʰə̃⁴²tʂɔ⁰］

表示利用某种条件或机会。例如：

　［1］你趁着热乎把药喝了它。（你趁热把药喝了。）
　［2］趁着天还没黑，我再割点儿柴火。（趁着天还没黑，我再割点儿柴草。）
　［3］趁着天好，把盖的晒晒□［pɛ⁰］。（趁着天好，把被子晒晒吧。）
　［4］趁着他还没醒，你快走了就是。（趁着他还没醒，你赶快走吧。）
　［5］趁着水还温和，你把脚洗洗□［pɛ⁰］。（趁着水还热，你把脚洗洗吧。）

5. 附就（着）［tu⁴²tsiu³¹（tʂɔ⁰）］

表示利用当前的便利。例如：

　［1］我附就着晌午的剩菜，卷了个煎饼吃了。（我就着中午的剩菜，卷了个煎饼吃了。）
　［2］附就着骨头汤下了把面条子。（就着骨头汤下了把面条。）
　［3］附就着锅把菜热了热。（就着锅把菜热了热。）

［4］附就恁大姑待这来，把这个袄做起来呗。（趁你大姑在这里，把这个袄做起来吧。）

［5］附就小孩儿睡觉，你也打个盹儿呗。（趁小孩儿睡觉，你也打个盹儿吧。）

五、介引原因目的的介词

1. 盖 ［$kε^{31}$］

"盖"为同音字，本字未明。用于引进事情的原因，后面介引的成分为指人的名词或代词。例如：

［1］电视毁了都盖他是的。（电视坏了都是因为他。）

［2］你肚子疼就盖吃冰棍儿是的。（你肚子疼就是因为吃了冰棍。）

［3］都盖恁奶奶是，和你说这个咋？（都是因为你奶奶，和你说这个干什么？）

［4］头晕就盖坐车坐的是的。（头晕就因为坐车坐的。）

［5］盖我什么是？我和他连话儿也没说回儿。（跟我有什么关系？我和他连话也没说过。）

2. 为 ［uei^{31}］

"为"既引进动作发生的原因，也引进动作的目的。例如：

［1］为乜棵樱桃树，两家子知不道打了几回儿了。（因为这棵樱桃树，两家不知道打了几次架了。）

［2］恁为事儿散了伙□［$mã^0$］？（你们因为什么事情不合伙了吗？）

［3］为没钱供小孩儿上学，他爷背地后来叫□［$k'uã^0$］了好几回儿了。（因为没钱供子女上学，他父亲背地里哭了好几次了。）

第二节 "待"

1. "待"的分布与语义

介引表处所的名词或名词性结构，只能位于动词前，意思相当于普通话的"在"。例子如我们在上文中所举。

2. 沂水方言"待"与普通话"在"的关系

"待"在这里的意思相当于普通话的"在"，但"待"并不完全等同于普通话的"在"。沂水方言没有"在"，与普通话"在"的几个义项对应的用法要分别用另外的词语来表达。① 例如：

（1）动词。

①存在。例如：

[1] 那张相片现在还在。
[2] 祖母已经不在了。

这类义项沂水方言用"有"，否定义用"没"。例如：

[1] 那张相片还有。（那张相片还在。）
[2] 他奶奶没了，他爷爷还有。（他奶奶不在了，爷爷还在。）
[3] 那个老嬷儿嬷儿上年时还有来，今年没了。（老太太去年还活着，今年去世了。）

②表示人或事物存在的处所、位置。例如：

[1] 文件在桌上。
[2] 小陈在图书馆。
[3] 老刘不在家。

这类义项沂水方言用"待"。例如：

[1] 书待桌子上。（书在桌子上。）
[2] 我待家来。（我在家里。）
[3] 他没待园来。（他没在菜园里。）

普通话中此义项的"在"如果处所是已知的，可不带宾语。例如：

[1] A：老张在吗？
　　B：在，请进！
[2] 我刚才去了一趟，他没在。

---

① 普通话"在"的义项与例句摘自《现代汉语八百词》第 645 – 647 页。

沂水方言的"待"则不管处所是否为已知，都必须带宾语，不能单用。

上述话语用沂水方言必须说成：

[1] A：老张待家来（屋来、办公室来等处所）吗?

　　B：待家来（屋来、办公室来等处所），请进!

[2] 我刚忙儿去了一趟，他没待那来（或者家来等处所）。

（2）副词。

普通话"在"作副词是"正在"的意思，沂水方言这个义项用"大配"。"大配"的用法我们在分析进行体貌助词的篇章里已经描写过，此不赘述。

（3）介词。

①表示时间。

a. 指一般动作发生的时间，"在"用在动词、形容词或主语前。例如：

[1] 专车在下午三点半到达。

[2] 我是在到了上海以后才听说的。

[3] 在当时，问题还不严重。

这个义项沂水方言不需要加介词。

b. 指出现、消失以及某些不明显的动作发生的时间，"在"用在动词后。例如：

[1] 时间定在后天上午。

[2] 参观改在星期四。

[3] 运动会安排在四月份。

这个义项沂水方言要用另外的说法，例如"定的是""改成、改到"之类。

②表示处所。

a. 指动作发生或事物存在的处所，"在"用在动词、形容词或主语前。例如：

[1] 在高空飞翔。

[2] 在黑板上写字。

[3] 养蚕在南方很普遍。

这个义项沂水方言须用"待"。

b. 指出生、发生、产生、居留的处所，"在"可用在动词后或动词前。例如：

[1]　住在东城。
[2]　出生在北京。
[3]　在东城住。
[4]　在北京出生。

这个义项，沂水方言动词前用"待"，动词后用"□[ə]/了"。例如：

[1]　他是待甘肃下生的。（他是在甘肃出生的。）
[2]　她待她姥娘家住着。（她在她姥娘家住着。）
[3]　她住了她姥娘家。（她住在她姥姥家。）

c. 指动作达到的处所，"在"用在动词后。例如：

[1]　跳在水里。
[2]　掉在地上。

这个义项沂水方言用"了"。例如：

[1]　手机掉了水来去了。（手机掉到水里去了。）
[2]　气球飞了天上去了。（气球飞到天上去了。）

"在"作介词另有表示范围、条件、行为的主体等用法，这几类用法在沂水方言的口语中几乎不用，本节不讨论。

就沂水方言口语中使用的用法来看，作介词的"待"只限于介引动作发生或事物存在的处所和表出生、发生、产生、居留的处所，且只能位于动词前。介引处所，在沂水方言中是由"待"和"了"共同承担的。"待"和"了"都不介引时间。"待"与普通话的"在"用法并不对等。

3. "待"的来源

语音形式为"待"的介词在北方方言中使用非常广泛，据现有材料来看，有北京话（周一民，1998）、东北官话（尹世超，2004）、河北魏县方言（吴继章，2004）、山东栖霞方言（刘翠香，2005）、山东胶辽官话东莱片的威海、荣成、牟平、文登、烟台、海阳、乳山、莱阳、莱西、招远、蓬莱、龙口等方言（刘翠香，2005）以及寿光（张树铮，1995）、昌乐、蒙阴、沂南、莒县、临沂、平邑、费县、苍山、郯城（笔者自己调查）等地方言。周一民（1998）认为，"待"是"在"的语音变体。刘翠香（2005）也认为"栖霞方言的'待'与北京话的'待'来源相同，都是'在'的语音变体"。

但在沂水方言中，我们暂时还不能确定它的来源。虽然它的意义和功能部分与普通话的"在"重合，但它们的意义和用法并不完全重合，沂水方言中没有"在"字，在沂水方言目前的语音系统中，"待"和普通话的"在"声母似是不同的来源。

综上所述，我们看不出沂水方言的"待"与普通话的"在"有同源关系。

项梦冰（1999）广泛调查了官话 46 个方言点的方位介词的读音，得出结论：这些官话中通常写作"待"和"得"的方位介词，其实都是"着"字；就其声母而言，是属于"古无舌上音"的层次；就其声调而言，这些方言的"着"字多数跟客赣方言的介词"着"一样，是来自古清声母入声字。

项文的论断为我们考察"待"的来源提供了一个崭新的角度。但就沂水方言来说，就声调而言，沂水方言的古清声母入声字现派为上声，"待"的声调读法与此规律相合。但在声母方面，要证明"待"（项文认为的"着"）是属于"古无舌上音"的层次尚缺乏有力的证据。

小　结

沂水方言的介词有以下特点：

（1）与普通话相比，沂水方言的介词数量不多。

（2）介引动词与表动作归结点的处所名词之间的成分，普通话用"在"和"到"，沂水方言用与完成体助词语音形式相同的"了"。

（3）介引动词前表处所的名词或名词性结构，普通话用"在"，沂水方言用"待"。有些学者认为某些方言的"待"来源是"在"或"着"，这两种说法在沂水方言中暂时缺乏充分证据，"待"的来源待论。

第七章　连词特点

连词是用以连接词、词组或分句，表示各种语法关系的词。在实际使用中，连词不表达实在的词汇意义，没有修饰或补充的功能，只起连接的作用，也不能充当句子成分，这些语法特征使其在虚词中独立为一类。

但连词也常和副词、介词有纠缠不清的地方。我们先看连词与副词。副词在句中也能起到一定的连接作用，如普通话的"又""再""还""就""都"等都是具有关联作用的副词，其中有的还可以和连词一起组成关联词语，运用于复句中，如"如果……就……""无论……都……"等。而且，在句法位置上，连词可以出现在主语前，也可以出现在主语后，关联性副词也可以出现在主语前或主语后。那么，二者的区别何在呢？首先，关联副词的语义具有不确定性，前后分句的句法语义关系是由与之搭配的关联连词来确定的，如果去掉其中的关联连词，语句就会产生歧义，而关联连词的语义是确定的，去掉其中一个关联词语，语句一般不会产生歧义。其次，关联副词的主要句法功能是作状语，而连词的基本功能就是连接。① 再看连词与介词。这两者的纠葛主要体现在一些词的兼类上，如普通话的"和""跟""同""与"等被认为是连、介兼类词。但在一个具体的语句中如何区分，也有一定的标准。比如，连词连接的两个成分之间是平等的、并列的，可以互换位置而不改变句子的语义，在句中共同充当同一语法成分，而介词前后的两个成分之间不是平等的、并列的，有主次之分，不能互换位置等；另外，连词前不能插入其他修饰成分，介词前可以插入修饰成分等。② 据此，可以将大多数连词与介词、副词区分开来。

根据连词所附加的语言结构体之间的语义关系，连词首先可以分为联合连词和偏正连词，联合连词根据具体的语义关系可以再细分为表示并列关系、递进关系和选择关系的连词，偏正连词可以再细分为表示因果关系、转折关系、条件关系、假设关系、让步关系、目的关系的连词等。不同的连词所连接的成分也不相同，有的只连接词或词组，有的只连接句子，有的二者均可；有的只连接谓词性成分，有的只连接名词性成分，有的二者皆可。

本章沿用第四章对副词描写和分析的体例，把沂水方言常用的连词分为两组，A组是跟普通话完全一致或基本一致的连词，B组是沂水方言特有或跟普通话不太一致

---

① 见周刚：《连词与相关问题》，合肥：安徽教育出版社 2002 年版。

② 见刘月华等：《实用现代汉语语法》（增订本），北京：商务印书馆 2001 年版。

的连词，我们只对 B 组连词进行描写和分析。只笼统分为联合连词和偏正连词，不对连词进行下位分类，下位的关系意义在具体描写中予以说明。

一、联合连词

A 组

又……又……、一是……二是……、越……越……、又、再加上、是……还是……、不是……就是……、就是……也……

B 组

和、一□［mə̃³¹］……一□［mə̃³¹］……、不光、除道、何用说、不就……不就……

1. 和［hɔ³¹］

"和"作连词时的意义和用法与普通话完全相同，只是读音不同，沂水方言中的连词"和"声调为去声，韵母为［ɔ］。和普通话一样，表示并列关系，只能用来连接词和短语。例如：

［1］书和本子都搁了乜来去了。（书和本子都放在那里了。）
［2］我和小四儿一块儿上的班儿。（我和小四儿一起工作的。）

2. 一□［i⁵⁵mə̃³¹］……一□［i⁵⁵mə̃³¹］……

表示一个动作与另一个动作同时发生，连接谓词性的词语或词组，相当于普通话的"一边……一边……""一面……一面……"。例如：

［1］我一□［mə̃³¹］走一□［mə̃³¹］神思。（我一边走一边想。）
［2］这个女的厉害，一□［mə̃³¹］嘎拉着一个当兵的，一□［mə̃³¹］还嘎拉着个研究生。（这个女的厉害，一边勾搭着一个当兵的，一边还勾搭着一个研究生。）
［3］表妹妹一□［mə̃³¹］说一□［mə̃³¹］喜的进了门儿。（表妹边说边笑地进了门。）

3. 不光［pu⁵⁵kɑŋ²¹³］

相当于普通话的"不但、不光"，用在表示递进关系的复句的前半句，常与"也""还""都"等相呼应，表示除所说的意思外，还有更进一层的意思。例如：

［1］他不光会打小营生儿，还会打大家事。（他不光会打小玩意，还会打大家具。）

［2］不光你不愿意去，俺都不愿意去。（不光你不愿意去，我们都不愿意去。）

［3］不光恁老师花备你，连我都想熊你两句。（不光你老师批评你，连我都想训你两句。）

［4］不光小李想去，小王也想去。（不光小李想去，小王也想去。）

4. 除道 ［tsʰu⁴²tɔ⁰］

"除道"相当于"不仅、除了、非但"，后面常常可以带"不说"，一般与"还"搭配，连接两个表示递进的并列小句，表示不仅如何，而且更进一步的情况。例如：

［1］除道没打着貔狐，还惹了一身骚。（不仅没打到狐狸，还惹了一身骚。）

［2］除道没治好，还给添了病。（不仅没治好，还给添了病。）

［3］那来除道热不说，还岗着潮，住了那来简直活受罪。（那里除了热不说，还非常潮湿，住在那里简直活受罪。）

［4］人家除道没嫌她，还给了她一箱子吃的。（人家非但没责备她，还给了她一箱子吃的。）

［5］小亮除道长的排场不说，还岗着勤力。（小亮长得漂亮不说，还非常勤快。）

5. 何用说 ［huə⁴²iuŋ³¹suə⁰］

用于反问句，相当于普通话的"何况"。表示在已有理由之外，追加一层理由。例如：

［1］好天他都不想干，何用说今们儿下雨？（好天气他都不想干，何况今天下雨？）

［2］十块钱他都跑，何用说三十？（十块钱他都跑，何况说三十？）

［3］年轻的都累趴下了，何用说那些老的？（年轻的都累趴下了，何况那些老的？）

［4］连他娘他都敢撅，何用说他妹妹？（连他母亲他都敢骂，何况他妹妹？）

6. 不就 ［pu⁵⁵tsiu³¹］……不就 ［pu⁵⁵tsiu³¹］……

"不就……不就……"是表示选择关系的连词，相当于"要么……要么……"。例如：

　　[1] 不就今们儿走，不就明日走，反正就这两天。（要么今天走，要么明天走，反正就这两天。）

　　[2] 不就你去，不就他去，怎么着都中。（要么你去，要么他去，怎么样都可以。）

　　[3] 不就项链儿，不就戒指儿，管怎么你得给我买一样儿。（要么项链，要么戒指，不管如何你得给我买一种。）

　　[4] 不就结，不就不结，痛快点儿！（要么结，要么不结，痛快点儿！）

二、偏正连词

A 组

要是、要、别说、别看、就是……也……、就算……也……、省得、不管

B 组

既番、你不、马了、子要、干、管

1. 既番［tɕi³¹fã⁰］

意义、用法等同于普通话的"既然"，用于前一小句，提出已成为现实的或已肯定的前提，后一小句根据这个前提推出结论，常用"就、也、还"呼应。例如：

　　[1] 你既番来了，就别走了。（你既然来了，就别走了。）
　　[2] 既番他那样说，俺也没意见。（既然他那样说，我们也没意见。）
　　[3] 既番都不同意，那就算了是。（既然都不同意，那就算了。）
　　[4] 你既番应许了人家，就给人家办到。（你既然答应了人家，就要给人家做到。）

2. 你不［ni⁵⁵pu⁵⁵］

"你不"表示假设的否定，相当于普通话的"否则"，用在后一小句的开头。例如：

　　[1] 快点儿去拿，你不等霎儿就没有了。（快点儿去拿，否则等会儿就没有了。）
　　[2] 早点儿睡觉，你不明早晨又起不来。（早点儿睡觉，否则明天早晨又起不来。）
　　[3] 他俩人保险有仇口儿，你不怎么见了面儿不搭腔？（他们两个人肯定有仇，否则怎么见了面不说话？）

［4］马了他来求我，你不甭指望我帮他。（除非他来求我，否则不要指望我帮他。）

3. 马了 ［ma⁵⁵lɔ］

"马了"是同音字，本字未明。用于前一分句，表示前一分句的条件是后一分句所表结果产生的唯一条件，只能连接动词短语或小句，不能连接名词性成分。相当于普通话的"除非"。"马了"可以与"你不"或"才"共现。"马了……你不……"意思为"除非……否则……"，"马了……才……"意思为"除非……才……"。例如：

［1］马了他来给我赔不是，你不我是不和他算完。（除非他来给我道歉，否则我和他没完。）

［2］马了提前订票，你不就买不着。（除非提前订票，否则就买不着。）

［3］马了他走，我才去。（除非他走，我才去。）

［4］马了去问老师，才知道你到底考了多少分儿。（除非去问老师，才知道你到底考了多少分。）

4. 子要 ［tθ̩⁵⁵iɔ³¹］

意义、用法等同于普通话的"只要"，表示必要条件。例如：

［1］子要下功夫，你保险能学会。（只要下功夫，你一定能学会。）

［2］子要你提出来，他还能不帮你忙儿？（只要你提出来，他还能不帮你的忙？）

［3］我能给你捎，子要别太多。（我能给你带，只要别太多。）

［4］子要是交了钱的，都有证书。（只要是交了钱的，都有证书。）

5. 干 ［kã²¹³］

"干"后面黏附形容词，与"也"搭配，意思为"不论多么……也……""再怎么……也……"。形容词后经常加"阵子"。例如：

［1］干忙也得家走看老的。（再怎么忙也得回家看父母。）

［2］干有能也得遵纪守法。（再有本事也得遵纪守法。）

［3］你就是干好我也不想攀你。（你就是再好我也不想高攀你。）

［4］官儿干大阵子也不能无法无天。（官再大也不能无法无天。）

［5］他干孬阵子也是恁爹。（他再不好也是你爹。）

6. 管［kuã⁵⁵］

普通话的连词"管"，表示行动不受所举条件的限制，相当于"不管"。"管"后面小句的主语必须要用"你"或"他"（"他"有时候虚指），谓语或者包含肯定、否定两部分，或者是一个疑问代词，下文多用副词"都、也、就"等呼应。"管"是由反问语气取得否定意义，因而成为"不管"的同义词的。用"管"限制较多，用"不管"限制较少。"不管"后可直接用疑问代词，"管"后要加"他（它）"。①例如：

［1］管你有事没事，你不能撂下工作就走。
［2］管他下不下雨，足球赛都得马上开始。
［3］管他是谁，不按制度办事就应该批评。
［4］不管什么人，不按制度办事就应该批评。

沂水方言的连词"管"语义与普通话的"管"相同，也相当于"不管"。也多用副词"都、也、就"等呼应。普通话"管"的用法在沂水方言中也有，例如：

［1］管他来不来，咱都得开饭。
［2］管你去不去，我得去。

但沂水方言"管"的使用范围和结合对象比普通话广得多，使用限制少得多。"管"可以与"谁、哪来、哪个、什么、几儿什么时候、几时、怎么"几乎所有的疑问代词结合。这种结合中的"管"若换成"不管"，语义基本不变，语感上也可以接受，但在实际运用中，基本只用"管"不用"不管"，"管"与疑问代词基本上可算固定搭配，感觉上像已紧密结合成词的词语，尤其是"几儿/几时"和"怎么"只能与"管"结合而不能与"不管"相连。在沂水方言中，连词"管"比"不管"使用得更多。

"管"可连接疑问代词，也可连接小句。例如：

［1］管谁说，他都不听。（不管谁说，他都不听。）
［2］我管谁也不照顾，都按政策来。（不管谁我也不照顾，都按政策来。）
［3］管谁我也没找着。（不管谁我都没找到。）
［4］管谁的么儿我都不要。（不管谁的东西我都不要。）

---

① 见吕叔湘主编：《现代汉语八百词》，北京：商务印书馆 1980 年版，第 241 页。

［5］管哪来没家来好。（不管哪里都没家里好。）

［6］这几个小孩儿，管哪个都会干活儿，都勤力。（这几个孩子，不管哪个都会干活儿，都勤快。）

［7］今们儿我管怎么不放你走。（今天我无论如何不放你走。）

［8］结婚一二十年，她管几儿没赶着她公公叫回儿"爷"。（结婚一二十年，她从来没有管她公公叫过"爹"。）

［9］这个小孩儿怪会过日子，管几儿也不兰实的花钱买零嘴儿吃。（这个小孩很节约，从来不舍得买零食吃。）

［10］管上哪，我也不上恁家。（不管去哪儿，我也不去你家。）

［11］管领着谁，我也不领着你。（不管领着谁，我也不领着你。）

［12］我管有多少钱，也不给你一分儿。（我不管有多少钱，也不给你一分。）

小　结

沂水方言的连词有以下特点：

（1）与普通话相比，沂水方言的连词不是很丰富。许多普通话要用连词的地方，沂水方言往往省略不用。我们认为，这是口语的特点使然。方言是口语，讲话时一般有明确的语境。语境的存在决定了少用或不用连词的可能性，也符合语言的经济性原则。

（2）沂水方言的连词许多是其地方特有的词汇，体现出一定的地方特色。

（3）沂水方言的连词"管"的使用范围和结合对象比普通话广得多，比"不管"的使用频率高。

结　语

传统观点认为，北方方言与普通话、北方方言与方言之间内部一致性非常大，尤其在最具稳定性的语法结构方面。本书在充分调查的基础上，通过对沂水方言词法系统的充分描写，以及与其周边方言进行详细比较，与汉语史的情况进行详细对比，认为北方方言与普通话的差异并非不大。就沂水方言来讲，其虽属官话，但词法上有其自身的特点，且自成体系，词法上的特点有的是与普通话由同一源头发展而来，但所处历史阶段不同，有的则是沂水方言由自身的发展途径形成的。具体来说，有以下几点：

（1）构词法与重叠方面，沂水方言在附加式构词法与重叠式构词法上显现出与普通话貌似差不多，其实差别很大的特点。沂水方言的词缀和重叠的范围比普通话更大，如子缀词更多，且可以用于形容词的中缀、后缀，数量短语的后缀，重叠式构词有相当多的叠音式名词、动词以及语素重叠构成的小称形式，大部分形式是沂水方言特有的，有些形式与普通话相同但性质迥异。

（2）代词方面，沂水方言的人称代词和指示代词与普通话表现出形式和用法上的较大差异，疑问代词差异较小，我们认为这应该是疑问代词产生时间较晚的原因所致。

（3）副词方面，各类副词非常丰富，除了部分与普通话形式相同的词语外，尚有大量沂水方言特有的副词。表示程度极高的补语"杀"至今仍在沂水方言中使用，而没有如普通话那样，被"死"所替代，仍处在一个较早的历史层次。"没有"在沂水方言中还只是一个应用面较窄的词组，尚未成为动词，更没有成为副词，也处在一个较早的历史层次。

（4）助词方面，体貌助词与普通话有的属同一源头，但所处阶段各有不同。例如，经历体与近经历体用"来"表示，显示它处于较早的历史阶段。有的属它自身系统的演变，如起始体助词用"开"不用"起来"，先实现体助词用"着"等。结构助词方面，"的"保留 [ti] 的语音形式，我们认为应是古汉语"地""底"读音的遗留。

（5）相对于普通话来说，沂水方言的介词数量不多，且大多数与普通话同源。连词则大部分为自己独创。

我们认为，沂水方言与普通话相比，有的词法特点是一脉相承，而仍处于汉语史的早期阶段，这是由它地处山区、地理闭塞的原因所致。而随着现代生活方式的改变、普通话影响的日益扩大，沂水方言受共同语影响的范围也在逐步扩大。

　　李如龙先生曾指出，"研究汉语方言必须从单点描写入手，由近及远与别方言作平面比较，在描写和比较的过程中，都必须充分注意到不同语言现象之间的历史关系，注意方言之间、方言与共同语之间的相互作用"。方言语法研究应在单点描写的基础上，将方言与共同语、古汉语以及其他方言联系起来，即要用普—方—古的视野来关注方言语法研究。

　　本书的研究，正是在这一观念指导下的实践。用普—方—古的思路对沂水方言的语法系统作了详细的考察，力求做到既见树木又见森林，在充分描写的基础上对某些语言现象进行尝试性的解释。有些想法并不成熟，有待今后进一步研究和探讨。

附　录　沂水方言的音系

（一）声母

沂水话声母共 26 个，包括零声母在内。

P 波病北	p' 爬碰扑	m 明墨麦	f 飞缝服
t 到冬毒	t' 套凳脱	n 脑年捏	l 拉冷力
k 贵光郭	k' 开狂刻	x 胡红黑	
ts 姐蒸节	ts' 秋成切	s 修声宿	
tɕ 经耕吉	tɕ' 旗球屈	ɕ 喜训学	
tʂ 淄钟烛	tʂ' 柴床绰	ʂ 瑞双束	ʒ 页（儿）楼（儿）
tθ 紫增贼	tθ' 曹仓错	θ 四桑塞	
ŋ 袄岸藕	ø 日远牛		

（二）韵母

沂水话韵母共 37 个。

单韵母 10 个：

ʅ 知吃石/资此四　ɿ 纸翅师　i 齐的力　ɤ 二儿耳

u 铺祖姑　y 女序举　a 杀拿茶　ə 婆拨磨　ɛ 奶债晒　ɔ 包闹朝

复韵母 12 个：

ia 家牙下　ua 瓜话夸　iə 接切写　uə 多河棵　yə 月药脚　iɛ 界矮鞋

uɛ 快外坏　ei 黑塞克　uei 累岁坠　ɔi 苗表教　əu 斗头走　iu 六九牛

鼻化韵 8 个：

ã 单汗安　iã 连见眼　uã 完酸穿　yã 远全旋

ə̃ 跟民进　iə̃ 引信人　uə̃ 论横孙　yə̃ 晕云军

鼻尾韵 7 个：

aŋ 方帮忙　iaŋ 亮匠香　uaŋ 王光框

əŋ 争省冷　iŋ 耕杏精　uəŋ 红冬工　iuŋ 龙松从

（三）声调

沂水话共 4 个调类。如下表：

调类	调值	例字
阴平	213	爷梯方支风衣欢
阳平	42	时题芳折蓬猫峰
上声	55	使体纺煮捧一反
去声	31	是弟放志碰医泛

参考文献

一、专著

太田辰夫著，蒋绍愚、徐昌华译　2003　《中国语历史文法》（第二版），北京大学出版社。

北京大学中文系　1996　《现代汉语虚词例释》，商务印书馆。

曹广顺　1995　《近代汉语助词》，语文出版社。

陈昌来　2002　《介词与介引功能》，安徽教育出版社。

戴耀晶　1997　《现代汉语时体系统研究》，浙江教育出版社。

范　晓　1996　《三个平面的语法观》，北京语言文化大学出版社。

范晓主编　1998　《汉语的句子类型》，书海出版社。

方小燕　2003　《广州方言句末语气助词》，暨南大学出版社。

冯春田　2000　《近代汉语语法研究》，山东教育出版社。

冯春田　2003　《〈聊斋俚曲〉语法研究》，河南大学出版社。

龚千炎　2000　《汉语的时相时制时态》，商务印书馆。

郭　锐　2002　《现代汉语词类研究》，商务印书馆。

侯精一　1999　《现代晋语的研究》，商务印书馆。

侯学超　1998　《现代汉语虚词词典》，北京大学出版社。

胡明扬主编　1996a　《汉语方言体貌论文集》，江苏教育出版社。

胡明扬主编　1996b　《词类问题考察》，北京语言文化大学出版社。

胡明扬主编　2004　《词类问题考察续集》，北京语言文化大学出版社。

黄伯荣主编　1996　《汉语方言语法类编》，青岛出版社。

江蓝生、侯精一主编　1999　《汉语的现状与历史的研究》，中国社会科学出版社。

江蓝生　2001　《近代汉语探源》，商务印书馆。

江蓝生　2002　《著名中年语言学家自选集·江蓝生卷》，安徽教育出版社。

蒋绍愚、江蓝生　1999　《近代汉语研究》，商务印书馆。

蒋绍愚　1994　《近代汉语研究概况》，北京大学出版社。

李如龙、张双庆主编　1997　《动词谓语句》，暨南大学出版社。

李如龙　张双庆主编　1999　《代词》，暨南大学出版社。

172

李如龙、张双庆主编　2000　《介词》，暨南大学出版社。

李如龙　2001a　《汉语方言学》，高等教育出版社。

李如龙　2001b　《汉语方言的比较研究》，商务印书馆。

李如龙主编　2002　《汉语方言研究文集》，暨南大学出版社。

李泰洙　2003　《〈老乞大〉四种版本语言研究》，语文出版社。

李小凡　1998　《苏州方言语法研究》，北京大学出版社。

李新魁、黄家教、施其生等　1995　《广州方言研究》，广东人民出版社。

李　焱　2006　《〈醒世姻缘传〉及明清句法结构历时演变的定量研究》，百花洲文艺出版社。

刘丹青　2003　《语序类型学与介词理论》，商务印书馆。

刘勋宁　1998　《现代汉语研究》，北京语言文化大学出版社。

刘月华等　2001　《实用现代汉语语法》（增订本），商务印书馆。

陆俭明、马真　1999　《现代汉语虚词散论》，语文出版社。

陆俭明、沈阳　2003　《汉语和汉语研究十五讲》，北京大学出版社。

陆俭明　2003　《现代汉语语法研究教程》，北京大学出版社。

吕叔湘　2002　《吕叔湘全集》，辽宁教育出版社。

吕叔湘等著，马庆株编　2000　《语法研究入门》，商务印书馆。

吕叔湘主编　1980　《现代汉语八百词》，商务印书馆。

罗自群　2006　《现代汉语方言持续标记的比较研究》，中央民族大学出版社。

马贝加　2002　《近代汉语介词》，中华书局。

马静、吴永焕　2003　《临沂方言志》，齐鲁书社。

马　真　2004　《现代汉语虚词研究方法论》，商务印书馆。

麦　耘　1995　《音韵与方言研究》，广东人民出版社。

彭小川　2004　《粤语论稿》，暨南大学出版社。

彭小川主编　2007　《现代汉语虚词探索集》，暨南大学出版社。

齐沪扬　2002　《语气词与语气系统》，安徽教育出版社。

齐沪扬、张谊生、陈昌来　2002　《现代汉语虚词研究综述》，安徽教育出版社。

钱曾怡、张树铮、罗福腾等　2001　《山东方言研究》，齐鲁书社。

钱曾怡　1993　《博山方言研究》，社会科学文献出版社。

钱曾怡　1982　《烟台方言报告》，齐鲁书社。

钱曾怡　2002　《汉语方言研究的方法与实践》，商务印书馆。

乔全生　2000　《晋方言语法研究》，商务印书馆。

山东省沂水县地方史志编纂委员会　1997　《沂水县志》，齐鲁书社。

邵敬敏　2000　《汉语语法的立体研究》，商务印书馆。

邵敬敏　2002　《著名中年语言学家自选集·邵敬敏卷》，安徽教育出版社。

邵敬敏　2003　《汉语语言学评论集》，浙江教育出版社。

邵燕梅　2005　《郯城方言志》，齐鲁书社。

沈家煊　2002　《著名中年语言学家自选集·沈家煊卷》，安徽教育出版社。

施其生　1996　《方言论稿》，广东人民出版社。

石明远　1995　《莒县方言志》，语文出版社。

石毓智、李讷　2001　《汉语语法化的历程——形态句法发展的动因和机制》，北京大学出版社。

石毓智　2001　《肯定和否定的对称与不对称》，北京语言文化大学出版社。

石毓智　2003　《现代汉语语法系统的建立——动补结构的产生及其影响》，北京语言大学出版社。

宋玉柱　1991　《现代汉语特殊句式》，山西教育出版社。

孙锡信　1999　《近代汉语语气词》，语文出版社。

唐钰明　2002　《著名中年语言学家自选集·唐钰明卷》，安徽教育出版社。

王　力　1980　《汉语史稿》，中华书局。

王　力　1985　《中国现代语法》，商务印书馆。

王　力　1989　《汉语语法史》，商务印书馆。

王福堂　1999　《汉语方言语音的演变和层次》，语文出版社。

吴福祥、吴波主编　2003　《语法化与语法研究》（一），商务印书馆。

伍云姬　1999　《汉语方言共时与历时语法研讨论文集》，暨南大学出版社。

香坂顺一　1997　《白话语汇研究》，中华书局。

向　熹　1993　《简明汉语史》（下），高等教育出版社。

辛永芬　2007　《浚县方言语法研究》，中华书局。

邢福义　1996　《汉语语法学》，东北师范大学出版社。

邢福义　2001　《汉语复句研究》，商务印书馆。

邢福义主编　1999　《汉语法特点面面观》，北京语言文化大学出版社。

邢向东　2002　《神木方言研究》，中华书局。

徐烈炯、邵敬敏主编　2002　《汉语语法研究的新拓展》（一），浙江教育出版社。

徐通锵　1991　《历史语言学》，商务印书馆。

杨永龙　2001　《〈朱子语类〉完成体研究》，河南大学出版社。

殷焕先主编　1995　《山东省志·方言志》，山东人民出版社。

俞光中、植田均　1999　《近代汉语语法研究》，学林出版社。

袁家骅等　2001　《汉语方言概要》（第二版），语文出版社。

袁毓林　2004　《汉语语法研究的认知视野》，商务印书馆。

张　赪　2002　《汉语介词词组词序的历史演变》，北京语言文化大学出版社。

张美兰　2003　《〈祖堂集〉语法研究》，商务印书馆。

张廷兴　1995　《沂水方言志》，语文出版社。

张树铮　1995　《寿光方言志》，语文出版社。

张树铮　1999　《方言历史探索》，内蒙古人民出版社。

张树铮　2005　《清代山东方言语音研究》，山东大学出版社。

张双庆主编　1996　《动词的体》，香港中文大学中国文化研究所吴多泰中国语文研究中心。

张亚军　2002　《副词与限定描状功能》，安徽教育出版社。

张一舟、张清源、邓英树　2001　《成都方言语法研究》，巴蜀书社。

张谊生　2000　《现代汉语虚词》，华东师范大学出版社。

张谊生　2002　《助词与相关格式》，安徽教育出版社。

张谊生　2004　《现代汉语副词探索》，学林出版社。

赵克诚　1987　《近代汉语语法》，陕西师范大学出版社。

赵元任著，吕叔湘译　1979　《汉语口语语法》，商务印书馆。

周国光、张林林　2003　《现代汉语语法理论与方法》，广东高等教育出版社。

周一民　1998　《北京口语语法·词法卷》，语文出版社。

朱德熙　1982　《语法讲义》，商务印书馆。

朱德熙　1999　《朱德熙文集》（第2、3卷），商务印书馆。

二、论文

艾皓德　1991　《近代汉语以"时"煞尾的从句》，《中国语文》第6期。

白　荃　2000　《"不"、"没（有）"教学和研究上的误区》，《语言教学与研究》第3期。

曹国安　1996　《"时"可表示假设》，《古汉语研究》第1期。

曹广顺　1990　《魏晋南北朝到宋代的"动+将"结构》，《中国语文》第2期。

曹正一　1961　《山东安丘方言在词汇语法上的一些特点》，载《方言与普通话集刊》（第八本），文字改革出版社。

曹志耘　1998　《汉语方言里表示动作次序的后置词》，《语言教学与研究》第4期。

陈　刚　1987　《试论"动—了—趋"式和"动—将—趋"式》，《中国语文》第4期。

陈坤德　1997　《试论古代汉语的表时结构》，《华南师范大学学报（社会科学版）》第6期。

陈　平　1988　《论现代汉语时间系统的三元结构》，《中国语文》第6期。

陈淑环　2006　《惠州方言助词研究》，中山大学博士学位论文。

陈泽平　2000　《福州方言的介词》，载李如龙、张双庆主编《介词》，暨南大学出版社。

丁崇明、荣晶　1994　《昆明方言的"着"字》，《方言》第 4 期。

丁加勇　2003　《汉语方言句末"着"的类型学考察》，《常德师范学院学报（社会科学版）》第 1 期。

董晓敏　1997　《"V 在了 N"结构新探》，《华中师范大学学报（哲学社会科学版）》第 3 期。

董秀芳　2000　《论"时"字的语法化》，《钦州师范高等专科学校学报》第 15 卷第 1 期。

董遵章　1957　《山东寿光方言里的一些语音、语法现象》，《中国语文》第 5 期。

杜纯梓　2003　《对动补结构产生于六朝说之献疑》，《语文研究》第 4 期。

冯春田　2003　《"咋"与"啥"》，《中国语文》第 3 期。

冯春田　2003　《聊斋俚曲中的"煞（杀）"字结构及相关问题》，《语言科学》第 4 期。

冯春田　2004　《聊斋俚曲里的假设助词"着"及相关问题》，《中国语文》第 3 期。

冯荣昌　1996　《山东潍坊方言的比较句》，《中国语文》第 4 期。

高福生　1990　《南昌话里的句尾"着"》，《江西师范大学学报》第 2 期。

谷向伟　2007　《林州方言虚词研究》，中山大学博士学位论文。

郭　熙　1986　《"放到桌子上""放在桌子上""放桌子上"》，《中国语文》第 1 期。

贺　阳　1994　《北京话的语气词"哈"字》，《方言》第 1 期。

胡明扬　1981　《北京话的语气助词和叹词》，《中国语文》第 6 期。

胡云晚　2005　《湘西南洞口方言虚词研究》，中山大学博士学位论文。

江蓝生　1994a　《"动词＋X＋地点词"句型中介词"的"探源》，《古汉语研究》第 4 期。

江蓝生　1994b　《〈燕京妇语〉所反映的清末北京话特色》，《语文研究》第 4 期。

江蓝生　2002　《时间词"时"和"后"的语法化》，《中国语文》第 4 期。

江蓝生　2004　《跨层非短语结构"的话"的词汇化》，《中国语文》第 5 期。

江蓝生　2006　《单音词的多次变形重叠》，中山大学中文系演讲报告。

蒋冀骋、龙国富　2005　《中古译经中表尝试态语气的"看"及其历时考察》，《语文研究》第 4 期。

津　化　1988　《指示代词三分法说补证》，《中国语文》第 5 期。

金立鑫　2003　《"S 了"的时体意义及其句法条件》，《语言教学与研究》第 2 期。

柯理思　2001　《从普通话里跟"得"有关的几个格式去探讨方言类型学》，《语言研究》第 2 期。

柯理思、刘淑学　2001　《河北冀州方言"拿不了走"一类的格式》，《中国语文》第 5 期。

孔昭琪　1987　《山东方言东西区语法比较》（一、二），《泰安师专学报（社科版）》第 2、3 期。

孔昭琪　1996　《山东牟平话动词的儿化》，载黄伯荣主编《汉语方言语法类编》，青岛出版社。

孔昭琪　1988　《牟平方言的介词"起"》，《泰安师专学报（社科版）》第 1 期。

李　蓝　1998　《贵州大方话中的"c 到"和"起"》，《中国语文》第 2 期。

李如龙　1996　《泉州方言的体》，载张双庆主编《动词的体》，香港中文大学中国文化研究所吴多泰中国语文研究中心。

李如龙　1996　《动词的体·前言》，载张双庆主编《动词的体》，香港中文大学中国文化研究所吴多泰中国语文研究中心。

李如龙　1999　《闽南方言的代词》，载李如龙、张双庆主编《代词》，暨南大学出版社。

李如龙　2000　《闽南方言的介词》，载李如龙、张双庆主编《介词》，暨南大学出版社。

李小华　2006　《闽西永定客家方言虚词研究》，中山大学博士学位论文。

李兴亚　1989　《试说动态助词"了"的自由隐现》，《中国语文》第 5 期。

李崇兴　1996　《湖北宜都方言助词"在"的用法和来源》，《方言》第 1 期。

林华勇　2005　《广东廉江方言助词研究》，中山大学博士学位论文。

林素娥　2005　《说汉语南方方言中"V + 啊 + L"结构中的"啊"》，《中国语文研究》第 2 期。

刘翠香　2005　《山东栖霞方言虚成分研究》，中山大学博士学位论文。

刘翠香　2004　《山东栖霞方言中表示处所/时间的介词》，《方言》第 2 期。

刘翠香　2007　《东莱片方言"V 儿 NL"中的"儿"》，《中国语文研究》第 1 期。

刘翠香、施其生　2004　《山东栖霞方言相当于普通话"了"的虚成分》，《语文研究》第 2 期。

刘丹青　1986　《苏州方言重叠式研究》，《语言研究》第 1 期。

刘丹青　1988　《汉藏语系重叠形式的分析模式》，《语言研究》第 1 期。

刘丹青　1996　《东南方言的体貌标记》，载张双庆主编《动词的体》，香港中文大学中国文化研究所吴多泰中国语文研究中心。

刘丹青　2001　《语法化中的更新、强化与叠加》，《语言研究》第 2 期。

刘丹青　2002　《汉语中的框式介词》，《当代语言学》第 4 期。

刘　笛　2004　《唐山话中的"着"》，《唐山师范学院学报》第 4 期。

刘宁生　1985　《论"着"及其相关的两个动态范畴》，《语言研究》第 2 期。

陆俭明　1991　《现代汉语时间词说略》，《语言教学与研究》第 1 期。

陆俭明　1999　《"着"字补议》，《中国语文》第 5 期。

吕叔湘　1990　《指示代词的二分法和三分法》，《中国语文》第 6 期。

罗自群　1999　《现代汉语方言"VP +（O）+ 在里/在/哩"格式的比较研究》，《语言研究》第 2 期。

罗自群　2002　《襄樊方言的重叠式》，《方言》第 1 期。

罗自群　2002　《从"坐着吃比站着吃"谈起——汉语方言中持续意义的几种表现形式》，《语文研究》第 1 期。

罗自群　2005　《现代汉语方言表示持续意义的"住"》，《中国语文》第 2 期。

陆俭明　1989　《"V 来了"试析》，《中国语文》第 3 期。

罗福腾　1981　《牟平方言的比较句和反复问句》，《方言》第 4 期。

罗福腾　1992　《山东方言比较句的类型及其分布》，《中国语文》第 3 期。

罗福腾　1996　《山东方言里的反复问句》，《方言》第 3 期。

马庆株　1981　《时量宾语和动词的类》，《中国语文》第 2 期。

马希文　1983　《关于动词"了"的弱化形式/·ou/》，《中国语言学报》第 1 期。

马文忠　1992　《大同方言语助词"着"》，《中国语文》第 1 期。

麦　耘　1993　《广州话"先"再分析》，载《广州话研究与教学》，中山大学出版社。

梅祖麟　1980　《吴语情貌词"仔"的语源》，《国外语言学》第 3 期。

梅祖麟　1981　《现代汉语完成貌句式和词尾的来源》，《语言研究》第 1 期。

梅祖麟　1988　《汉语方言里虚词"著"字三种用法的来源》，《中国语言学报》第 3 期。

孟淑娟　2001　《淄博话的形比句》，《语文研究》第 1 期。

潘悟云　2000　《温州方言的介词》，载李如龙、张双庆主编《介词》，暨南大学出版社。

彭小川　1991　《广州话的动态助词"翻"》，《方言》第 2 期。

彭小川　1996　《广州话的动态助词"住"》，载胡明扬主编《汉语方言体貌论文集》，江苏教育出版社。

彭小川 1996 《广州话的动态助词"咗"》，载胡明扬主编《汉语方言体貌论文集》，江苏教育出版社。

彭小川 2003 《广州话表"持续"义的几种形式及其意义的对比分析》，《语文研究》第4期。

彭小川、赵敏 2004 《广州话虚词"晒"词义新解》，《学术研究》第6期。

彭小川、赵敏 2004 《连词"并"用法考察》，《暨南学报》第1期。

钱曾怡、曹志耘、罗福腾 1991 《山东肥城方言的语法特点》，《方言》第3期。

钱曾怡 1995 《论儿化》，《中国语言学报》第5期。

荣晶、丁崇明 2004 《昆明话的"着"字及其语法化过程中的历时择一与共时制衡问题》，《中国语文》第3期。

沈怀兴 2005 《"知不道"和"不知道"》，《语言研究》第3期。

沈家煊 1994 《语法化研究综述》，《外语教学与研究》第4期。

沈家煊 1995 《"有界"与"无界"》，《中国语文》第5期。

沈家煊 1998 《实词虚化的机制——〈演化而来的语法〉评介》，《当代语言学》第3期。

沈家煊 2001 《语言的"主观性"和"主观化"》，《语言教学与研究》第4期。

沈家煊 2003 《现代汉语"动补结构"的类型学考察》，《世界汉语教学》第3期。

师 静 2000 《庆云方言里的"着"》，《首届官话方言国际学术研讨会论文集》，青岛出版社。

施其生 1984 《汕头方言的持续情貌》，《中山大学学报》第3期。

施其生 1985 《闽、吴方言持续貌形式的共同特点》，《中山大学学报》第4期。

施其生 1995a 《论广州方言虚成分的分类》，《语言研究》第1期。

施其生 1995b 《论"有字句"》，《语言研究》第1期。

施其生 1996a 《汕头方言表示"在"的介词》，《中山大学学报》第6期。

施其生 1996b 《汕头方言的"了"及其语源关系》，《语文研究》第3期。

施其生 1997a 《论汕头方言中的"重叠"》，《语言研究》第1期。

施其生 1997b 《汕头方言量词和数量词的小称》，《方言》第3期。

施其生 2000 《闽南方言中性问句的类型及其变化》，载丁邦新、余霭芹编《语言变化与汉语方言》，美国华盛顿大学、台湾"中央研究院"语言学研究所筹备处联合出版。

施其生　2003　《论汉语词组的"形态"》，广东省中国语言学会 2002—2003 年学术年会论文（梅州）。

施其生　2006　《汉语方言里的"使然"与"非使然"》，《中国语文》第 1 期。

石汝杰　1996　《苏州方言的体》，载张双庆主编《动词的体》，香港中文大学中国文化研究所吴多泰中国语文研究中心。

石汝杰　2000　《苏州方言的介词体系》，载李如龙、张双庆主编《介词》，暨南大学出版社。

石毓智　1996　《试论汉语的句法重叠》，《语言研究》第 2 期。

石毓智、李讷　1997　《试论汉语体标记诞生的机制》，《中国语文》第 2 期。

石毓智　2002　《量词、指示代词和结构助词的关系》，《方言》第 2 期。

史冠新　1986　《山东临淄方言单音形容词的重叠用法》，《中国语文》第 2 期。

史冠新　1989　《临淄方言的语气词"吧"》，《中国语文》第 1 期。

史金生　2000　《传信语气词"的""了""呢"的共现顺序》，《汉语学习》第 5 期。

宋文辉　2000　《正定话的介词"着"》，《中国语文》第 3 期。

孙朝奋　1997　《再论助词"着"的用法及其来源》，《中国语文》第 2 期。

田希诚　1996　《晋中方言的时态助词"动了"和"时"》，载《首届晋方言国际学术研讨会论文集》，山西高校联合出版社。

王国栓　2004　《"动 + 将 + 趋"式中"将"的性质》，《语文研究》第 3 期。

王　晖　1990　《山东临朐方言话的时间助词"着"》，《中国语文》第 4 期。

吴继章　2004　《魏县方言结构二题》，第二届国际汉语方言语法学术研讨会论文（武汉）。

吴福祥　1995　《尝试态助词"看"的历史考察》，《语言研究》第 2 期。

吴福祥　1997　《从"Vp – neg"式反复问句的分化谈语气词"麽"的产生》，《中国语文》第 1 期。

吴福祥　1998　《重谈"动 + 了 + 宾"格式的来源和完成体助词"了"的产生》，《中国语文》第 6 期。

吴福祥　2000　《关于动补结构"V 死 O"的来源》，《古汉语研究》第 3 期。

吴福祥　2001　《南方方言几个状态补语标记的来源（一）》，《方言》第 4 期。

吴福祥　2003　《南方方言几个状态补语标记的来源（二）》，《方言》第 1 期。

吴福祥　2002　《南方方言里的虚词"到（倒）"的用法及其来源》，《中国语文研究》第 2 期。

吴福祥　2003　《关于语法化的单向性问题》，《当代语言学》第 4 期。

吴福祥　2004　《也谈持续体标记"着"的来源》，《汉语史学报》第 1 期。

吴福祥　2005　《汉语体标记"了"、"着"为什么不能强制性使用》，《当代语言学》第 3 期。

吴福祥　2005　《汉语语法化研究的当前课题》，《语言科学》第 2 期。

吴福祥　2007　《关于语言接触引发的演变》，《民族语文》第 2 期。

项梦冰　1994　《新泉方言的"时"》，《韶关大学学报》第 15 卷第 1 期。

项梦冰　2000　《连城方言的介词"着"》，载李如龙、张双庆主编《介词》，暨南大学出版社。

小川环树　1981　《苏州方言的指示代词》，《方言》第 4 期。

肖　斧　1957　《"在那里""正在"和"在"》，载《语法论集》（第二集），中华书局。

萧国政　2000　《武汉方言"着"字与"着"字句》，《方言》第 1 期。

谢留文　1998　《南昌县（蒋巷）方言的两个虚词"是"与"着"》，《中国语文》第 2 期。

邢福义　1997　《V 为双音节的"V 在了 N"格式》，《语言文字应用》第 4 期（总第 24 期）。

邢福义　2000　《汉语语法研究的展望》，载《语法研究入门》，商务印书馆。

邢向东　1998　《试论时空观在汉语方言研究中的体现》，《山东大学学报》第 4 期。

邢向东　2001　《神木方言的代词》，《方言》第 4 期。

邢向东　2004　《论现代汉语方言祈使语气词"着"的形成》，《方言》第 4 期。

邢向东　2005　《陕北晋语沿河方言愿望类虚拟语气的表达手段》，《语文研究》第 2 期。

邢向东　2008　《论晋语中句子后部的隐含与句中虚词的语气词化》，载邵敬敏主编《21 世纪汉语方言语法新探索——第三届汉语方言语法国际研讨会论文集》，暨南大学出版社。

邢志群　2003　《汉语动词语法化的机制》，载《语言学论丛》（第 28 辑），商务印书馆。

徐　丹　1992　《汉语里的"在"与"著"》，《中国语文》第 6 期。

徐　丹　1994　《关于汉语里"动词 + X + 地点词"的句型》，《中国语文》第 3 期。

徐　丹　1995　《从北京话"V 着"与西北方言"V 的"的平行现象看"的"的来源》，《方言》第 4 期。

徐复岭　1989　《济菏方言语法特点掇例》，《济宁师专学报（社科版）》第 4 期。

徐复岭　1995　《山东方言比较句式溯源简说》，《中国语文》第 2 期。

徐复岭　2002　《济宁方言语法特点撮要》，《济宁师专学报（社科版）》第 1 期。

杨德峰　2001　《"动＋趋＋了"和"动＋了＋趋"补义》,《中国语文》第4期。

杨德峰　2002　《用于将来的"动了趋"初探》,《语言研究》第2期。

杨永龙　2002　《汉语方言先时助词"着"的来源》,《语言研究》第2期。

杨永龙　2003　《句尾语气词"吗"的语法化过程》,《语言科学》第1期。

一杉刚弘　2000　《山东方言可能补语类型》,《首届官话方言国际学术研讨会论文集》,青岛出版社。

尹世超　2004　《东北官话的介词》,《方言》第2期。

余霭芹　1992　《广东开平方言的中性问句》,《中国语文》第4期。

于根元　1983　《关于动词后附"着"的使用》,《语法研究和探索（一）》,北京大学出版社。

俞光中　1987　《"V在NL"的分析及其来源献疑》,《语文研究》第3期。

俞咏梅　1999　《论"在＋处所"的语义功能和语序制约原则》,《中国语文》第1期。

袁　宾　2003　《唐宋"煞"字考》,《中国语文》第2期。

袁毓林　2002　《方位介词"着"及相关的语法现象》,《中国语文研究》第2期。

岳立静　1994　《济南话的虚词"可"》,《东岳论丛》第5期。

岳立静　2000　《济南方言"从"及其相关词的特点和分布》,《首届官话方言国际学术研讨会论文集》,青岛出版社。

岳立静　2005　《由〈醒世姻缘传〉助词"来"的使用特点看山东方言"VP没"类句式的发展》,全国汉语方言学会第十三届年会暨汉语方言国际学术研讨会论文（苏州）。

张成材　2003　《商州方言里的"形＋人＋哩"结构》,《语言科学》第1期。

张　赪　1997　《论决定"在L＋VP"或"VP＋在L"的因素》,《语言教学与研究》第2期。

张　赪　2001　《现代汉语介词词组"在L"与动词宾语的词序规律的形成》,《中国语文》第2期。

张　黎　1996　《"着"的语义分布及其语法意义》,《语文研究》第1期。

张炼强　1990　《试说以"时"或"的时候"煞尾的假设从句》,《中国语文》第3期。

张　林　1991　《九江话里的"着"》,《中国语文》第5期。

张树铮　1989　《寿光方言的指示代词》,《中国语文》第2期。

张树铮　1990　《山东寿光方言的形容词》,《方言》第3期。

张树铮　1995　《山东寿光方言的助词》,《方言》第1期。

张树铮　1996　《山东寿光北部方言的"儿化"》，《方言》第 4 期。

张树铮　2003　《山东方言轻声的语音特点》，全国方言学会第十二届年会暨汉语方言国际学术研讨会论文（贵阳）。

张树铮　2004　《山东方言指示代词"乜"的特点及其来源——兼及"那"的来源》，第二届国际汉语方言语法学术研讨会论文（武汉）。

张树铮　2005　《从地理分布看方言特征的扩散——以山东方言为例》，全国方言学会第十三届年会暨汉语方言国际学术研讨会论文（苏州）。

张亚军　2003　《泰如片江淮方言中的"V + L"和"V + 在 + L"结构》，《语言科学》第 4 期。

赵光智　1990　《山东安丘方言里可用"的的"》，《中国语文》第 4 期。

赵金铭　1979　《敦煌变文中所见的"了"和"着"》，《中国语文》第 1 期。

赵　敏　2007　《山东沂水方言的音韵特点》，《中山大学研究生学刊》第 1 期。

赵　敏　2007　《山东沂水方言形容词的生动形式》，《中国语文研究》第 1 期。

赵日新　2001　《说"在"及相当于"在"的成分》，《语文研究》第 4 期。

赵日新、高晓虹　2002　《读〈山东方言研究〉》，《方言》第 4 期。

周小兵　1995　《论现代汉语的程度副词》，《中国语文》第 2 期。

朱建颂　1986　《武汉的指示代词也是三分的》，《中国语文》第 6 期。

朱庆仪　1988　《武汉的指示代词不是三分的》，《中国语文》第 5 期。

后 记

沂水是我的故乡，沂水话是我的母语。我八岁以前随母亲生活在她教书的夏蔚镇东上位村，初中时在姥姥村的七里中学上了两年初中，我对沂水的感情很深。我发现沂水话的有趣与价值是在上海师范大学读本科期间的古代文学课堂上。大三时，古代文学课要求研读中文系必读的经典《红楼梦》，同学们皆沉浸在故事情节与语言的精彩描述上，我却在书中处处看到与沂水方言意义一致的词语，如"拉下饥荒（欠债）、咱娘们儿（母子或母亲辈与子侄辈的称呼）"等，凡此种种，不一而足，为此倍感亲切。回过头来觉得方言真是最有趣与值得研究的东西。那时就觉得，如果有机会，一定要把沂水方言好好研究一番。

沂水方言在词汇、语音、语法各方面都保留了很多古汉语特征。语音方面如声母分尖团，中古知庄章组字分为两种读法等，语法方面如"鼻子大起脸（鼻子比脸大）"等。限于时间和精力，本书只是考察了沂水方言语法的词法系统，没有涉及句法方面。连带语音、词汇，遗珠之憾，只待来日，再做补苴。

衷心感谢沂水县政协文史委在本书调研过程中的大力协助。

衷心感谢沂水县旅游局、夏蔚镇党委、泉庄镇旅游办提供照片。

衷心感谢黑龙江省双鸭山市书协主席翟亦鸣老师题写书名。

衷心感谢多年以来学习、工作路上恩师挚友、领导同事的关爱帮助。

衷心感谢暨南大学出版社副总编辑李战女士与责任编辑黄球的辛勤工作。

衷心感谢暨南大学华文学院对本书出版的全力支持。

本书虽花费不少心血，疏漏与不足仍恐处处存在，恳请方家不吝指教。

赵 敏

二〇一八年九月于羊城